高校入試対策

英語リスニング練習問題

JN132424

実践問題集　大阪府版
2025年春受験用

contents

教英出版

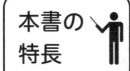

① **基本問題集（別冊）**

英語リスニング問題を**7章の出題パターン別**に練習できる問題集です。
大阪府公立高校入試の英語リスニング問題の**出題パターンを重点的に**練習できます。

② **解答集（別冊）**

①基本問題集の解答・解説・放送文・日本語訳などを収録。すべての問題の**放送文と日本語訳を見開きページで見る**ことができ，**単語や表現を1つずつ照らし合わせながら**復習ができます。

③ **実践問題集大阪府版（この冊子）**

大阪府公立入試の**過去問題**(AB2回分／C2回分)，**実戦問題**(AB2回分／C2回分)を収録。
大阪府公立高校入試の**リスニング問題の把握**や**入試本番に向けての練習**に最適です。

実践問題集 大阪府版 の特長と使い方

過去の大阪府公立高校入試で**実際に出題された**AB2回分とC2回分の問題です。

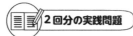

大阪府の過去問題と**出題パターンが似ている**AB2回分とC2回分の問題です。

2ページの**過去の典型的な出題パターンと対策**で出題パターンを把握してから，**過去問題**と**実践問題**に進んでください。問題を解いた後に**解答例と解説**を見て，**答えにつながる聴き取れなかった部分を聴き直す**と効果的です。別冊の**基本問題集**で**出題パターン別**に練習して，**出題パターンに合った実力**をつけてからこの冊子に進むと，**過去問題**と**実践問題**をよりスムーズに解くことができます。

教英出版ウェブサイトの「ご購入者様のページ」に下記の「**書籍ID番号**」を入力して音声を聴いてください。

ID 190029 （有効期限 2025年9月）　　　　IDの入力はこちらから→

> ⚠ 購入された個人の方が，ご自身の学習のためにコピーを利用していただくことは可能ですが，それ以外の目的でコピーすることはおやめください。

過去の典型的な出題パターンと対策

※代表的な出題パターンと対策を，A・BとCで1つずつ掲載しました。

問題A・B

▶ 英文と質問(複数)… 英文を聞き，複数の質問の答えを選ぶ 別冊　第6章

 放送文

Now I'm going to talk about my classes in Japan.　We often make groups and learn a lot of things from each other.　Talking with the group members is very important for us because we can share different ideas.　Here in America, I want to enjoy classes.　So I will try to exchange ideas with you in English.

Questions:　No. 1　Why does Sakura talk in groups during her classes in Japan?
　　　　　　No. 2　What does Sakura want to say in her speech?

英文を聞いて，それぞれの質問に合うものをア〜エから1つ選び，記号を書きなさい。

問題

No. 1　ア　To make groups.
　　　イ　To write a letter.
　　　ウ　To share different ideas.
　　　エ　To see many friends.

No. 2　ア　How she learns in her classes.
　　　イ　Which university she wants to go to.
　　　ウ　When she decided to go to America.
　　　エ　Who taught her English in Japan.

 Point

対策ポイント

英文と質問(複数)の問題では，音声を聞く前に選択肢を見比べて，音声の内容を予想し，聞き取る内容をしぼろう。

問題C

▶ 作文… 対話や英文を聞き，英文で答える 別冊　第7章

 放送文

　Jack :　Mom, can I have breakfast at 6 tomorrow?
　Mother :　It's Saturday tomorrow.　Do you have classes?
　Jack :　No, we don't have school, but I have to get up early.
　Mother :　Why?
　Jack :　(　　　　　　　　　　　　　　　　)

問題

　これから，中学生の Jack と Jack の母親との対話を放送します。その中で，母親が Jack に質問をしています。Jack に代わってあなたの答えを英文で書きなさい。2文以上になってもかまいません。

 Point

対策ポイント

　長い対話文を聞いて，対話する2人の考えや自分の考えをまとめる作文の問題が出題される。英文を聞きながら，聞き取った英文を正確に書く練習が有効である。過去問題や実践問題で実際にやってみよう。

過去問題Ａ・Ｂ①

1 ジェーンと勇樹との会話を聞いて，勇樹のことばに続くと考えられるジェーンのことばとして，次の**ア**〜**エ**のうち最も適しているものを一つ選び，**解答欄の記号**を○で囲みなさい。

ア I like Chinese food.　　**イ** I don't eat food.　　**ウ** Yes, you are kind.　　**エ** No, I'm not.

解答欄	ア	イ	ウ	エ

2 ホワイト先生が絵の説明をしています。ホワイト先生が見せている絵として，次の**ア**〜**エ**のうち最も適していると考えられるものを一つ選び，**解答欄の記号**を○で囲みなさい。

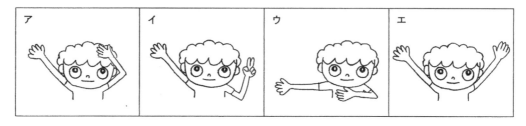

解答欄	ア	イ	ウ	エ

3 ベッキーとホストファミリーの翔太が電話で話をしています。二人の会話を聞いて，ベッキーが翔太のために買って帰るものとして，次の**ア**〜**エ**のうち最も適していると考えられるものを一つ選び，**解答欄の記号**を○で囲みなさい。

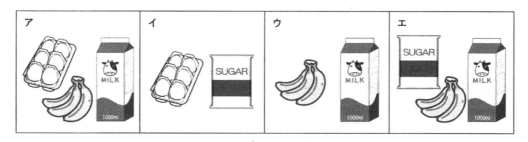

解答欄	ア	イ	ウ	エ

4 ジョンとホストファミリーの恵子との会話を聞いて，恵子が住んでいる地域のごみの回収予定を表したものとして，次のア～エのうち最も適していると考えられるものを一つ選び，**解答欄の記号を○で囲みなさい。**

ア

火曜日	水曜日	木曜日	金曜日
古紙	プラスチックペットボトル		燃えるごみ

イ

火曜日	水曜日	木曜日	金曜日
燃えるごみ	プラスチックペットボトル		古紙

ウ

火曜日	水曜日	木曜日	金曜日
燃えるごみ		プラスチックペットボトル	古紙

エ

火曜日	水曜日	木曜日	金曜日
燃えるごみ	古紙		プラスチックペットボトル

解答欄	ア	イ	ウ	エ

5 動物園で飼育員が案内をしています。その案内を聞いて，それに続く二つの質問に対する答えとして最も適しているものを，それぞれア～エから一つずつ選び，**解答欄の記号を○で囲みなさい。**

(1) ア Once.　　イ Twice.　　ウ Three times.　　エ Four times.

解答欄	ア	イ	ウ	エ

(2) ア To buy some food for the babies.
　　イ To give some milk to the babies.
　　ウ To take pictures of the babies.
　　エ To buy the books about the babies.

解答欄	ア	イ	ウ	エ

6 登山中のエミリーと浩二との会話を聞いて，それに続く二つの質問に対する答えとして最も適しているものを，それぞれア～エから一つずつ選び，**解答欄の記号を○で囲みなさい。**

(1) ア The hot drink.　　　　イ The map of the mountain.
　　ウ The chocolate.　　　　エ The beautiful view.

解答欄	ア	イ	ウ	エ

(2) ア Drinking something cold is good for his tired body.
　　イ Enjoying the view is an easy way to get energy for his body.
　　ウ Finding the best way to relax on a mountain is difficult.
　　エ Getting energy for his mind is also an important thing.

解答欄	ア	イ	ウ	エ

1 Jane: Hi, Yuki. I'm hungry. Shall we go to a restaurant for lunch?
　Yuki: Sure, Jane. What kind of food do you like?

2 Look, everyone. Now, I will introduce a gesture from England. This person does two things. First, he raises one of his hands. Next, he puts his other hand on his head. This was used in meetings in the old days.

3 Becky: Hi, Shota. I'm at a supermarket. Tomorrow, we will have a party at home. Is there anything you want me to buy?
　Shota: Thank you, Becky. I will make a cake tonight. So I need a bottle of milk, some eggs, and bananas for the cake.
　Becky: OK. Oh, Shota, we don't need to buy any eggs. I think there are enough eggs in the kitchen.
　Shota: Really? Oh, you are right.
　Becky: Do you need sugar?
　Shota: No. We have enough sugar. Thank you, Becky.
　Becky: You are welcome. I will buy the things you need. See you later.

4 John: Good morning, Keiko. I cleaned my room last night and I put the trash in this plastic bag. What should I do now?
　Keiko: Good morning, John. The trash can be burned, right? It's Tuesday today, so please put the bag in front of our house. The bags will be collected later today.
　John: OK, can I put these old magazines and newspapers in the same bag?
　Keiko: No, we should recycle them. The day for them is Friday.
　John: I will keep that in mind. Oh, there are some plastic bottles here. Do you have another bag for them? Plastic bottles can also be recycled, right?
　Keiko: Yes, but the day for plastic things is tomorrow. This is the bag for them. Here you are.
　John: Thank you, Keiko.

5 Thank you for visiting the area of lions. Now, it's 1 o'clock. Soon, we will show you two babies of lions here. They are very small and cute. The babies were born three months ago. They usually sleep almost all day and sometimes drink milk in a different room. They can't eat food now, but they love milk. Oh, they are coming. We are sorry but please don't use your cameras and cellphones. Strong light is not good for the babies. …Now they are here! This is the first time you can see these babies today. After 30 minutes from now, they will go back to their room. But you have one more chance to see them today. The babies will come back here again at 4 p.m. If you want to know more about the babies, you can buy books about them at the shop near the gate. Buying the books is helpful because the money will be used to take care of the babies. We hope you have a wonderful day at our zoo. Thank you.

Question 1: How many times does the zoo show the babies to the visitors today?
Question 2: What is the thing the visitors can do to be helpful for the babies?

6 Emily: Come on, Koji.　Are you tired?

     Koji: Yes, Emily.　Please wait.　I want to rest.

    Emily: OK.　Let's rest here.　I will give you some hot tea.

     Koji: Thank you.　Oh, look at this map.　We are already at this point now.

    Emily: Yes, but it will take one more hour to get to the top of the mountain.　We need energy.　How do you get energy when you are tired, Koji?

     Koji: I think drinking hot tea and eating delicious chocolate are very good for my body.　I always bring my favorite chocolate.

    Emily: I also love chocolate.　Can you give me some?　Chocolate is good for relaxing.

     Koji: Sure, here you are.　How do you get energy, Emily?

    Emily: I think enjoying the view from each place is important.　Look, we can see a lot of things from this high place.

     Koji: I see.　You mean you can get energy from the view?

    Emily: Yes, I like the view from a high place.　When I look back and think about the way we've come, I can feel my effort until now.

     Koji: Oh, you are talking about getting energy for your mind.　Now I think getting energy for my mind is as important as getting energy for my body.

    Emily: That's right!　Oh, you look better, Koji.　Are you feeling good now?

     Koji: Yes, I'm ready!　Let's go!

Question 1: What did Koji give Emily as energy for her body?

Question 2: What did Koji notice through the conversation?

過去問題Ａ・Ｂ②

1 トムと由紀との会話を聞いて，由紀のことばに続くと考えられるトムのことばとして，次の**ア～エ**のうち最も適しているものを一つ選び，**解答欄の記号**を○で囲みなさい。

ア It was good.　　　イ On Sunday.　　　ウ No, you can't.　　　エ Yes, I did.

| 解答欄 | ア | イ | ウ | エ |

2 直人とリサとの会話を聞いて，直人がリサに渡したものとして，次の**ア～エ**のうち最も適していると考えられるものを一つ選び，**解答欄の記号**を○で囲みなさい。

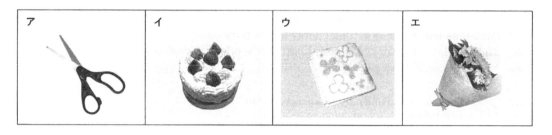

| 解答欄 | ア | イ | ウ | エ |

3 マークと加奈がバス停で時刻表を見ながら会話をしています。この会話の後に二人が乗るバスの時刻として，次の**ア～エ**のうち最も適していると考えられるものを一つ選び，**解答欄の記号**を○で囲みなさい。

ア 7:20　　　イ 7:30　　　ウ 7:40　　　エ 7:50

あおば駅行き		
時	平日	土・日・祝日
6	30 50	40
7	10 30 50	20 40
8	10 30 50	20 40

| 解答欄 | ア | イ | ウ | エ |

4 ミラー先生が英語の授業でスピーチをしています。ミラー先生の夏休みの内容を表したものとして，次のア～エのうち最も適していると考えられるものを一つ選び，**解答欄の記号を○で囲みなさい。**

ア

	8月1日	8月2日
午前	釣り	料理
午後	海水浴	買い物

イ

	8月1日	8月2日
午前	釣り	海水浴
午後	買い物	料理

ウ

	8月1日	8月2日
午前	買い物	釣り
午後	海水浴	料理

エ

	8月1日	8月2日
午前	釣り	料理
午後	買い物	海水浴

解答欄	ア　　イ　　ウ　　エ

5 デパートでの買い物中に館内放送が流れてきました。その放送を聞いて，それに続く二つの質問に対する答えとして最も適しているものを，それぞれア～エから一つずつ選び，**解答欄の記号を○で囲みなさい。**

(1) ア Bags made in overseas countries.
　　イ Many kinds of chocolate.
　　ウ Nice dishes in the world.
　　エ Various kinds of shoes.

解答欄	ア　　イ　　ウ　　エ

(2) ア At 6 p.m.　　イ At 7 p.m.　　ウ At 8 p.m.　　エ At 9 p.m.

解答欄	ア　　イ　　ウ　　エ

6 美紀とジムとの会話を聞いて，それに続く二つの質問に対する答えとして最も適しているものを，それぞれア～エから一つずつ選び，**解答欄の記号を○で囲みなさい。**

(1) ア The actor.　　イ The history.　　ウ The story.　　エ The theater.

解答欄	ア　　イ　　ウ　　エ

(2) ア He will listen to the music in the movie with Miki.
　　イ He will read the book which he is going to borrow.
　　ウ He will talk about the story of the movie with Miki.
　　エ He will get ready to write a book about the movie.

解答欄	ア　　イ　　ウ　　エ

1　Tom:　Hi, Yuki.　Did you enjoy your weekend?

　　Yuki:　Yes, I did, Tom.　I enjoyed shopping with my sister.　How was your weekend?

2　Naoto:　Hi, Lisa.　What are you doing?

　　Lisa:　Hi, Naoto.　I'm making a birthday card for my sister in America.　And … I want to cut this yellow paper.　I want to make the shape of a star from this.　But, I don't have anything to cut it.

　　Naoto:　Oh, here you are.　You can use mine.

3　Mark:　What time is it now, Kana?

　　Kana:　It's seven twenty-five, Mark.

　　Mark:　Thank you.　So, we will wait for only five minutes, right?

　　Kana:　No.　The next bus will not come here at seven thirty.

　　Mark:　Why?　I usually take a bus at that time.

　　Kana:　Mark, it is Sunday today.

　　Mark:　Oh, I see.　We must wait for about fifteen minutes.

　　Kana:　That's right.

4　Hello, everyone.　Today I will tell you about my summer vacation.　This summer I enjoyed visiting my grandparents in Canada and being with my parents in America.　Before I went back to America, I went to Canada to visit my grandparents because August 2 was my grandmother's birthday.　I arrived at the airport on July 31, and they drove me to their house.　They live near a lake.　The next morning, I enjoyed fishing in the lake.　After lunch, I wanted to enjoy swimming in the sea, but it began raining.　So, I went shopping with my grandfather to buy a present for my grandmother.　The following day was her birthday, and I enjoyed swimming in the sea with my grandparents and we ate lunch on the beach.　In the afternoon, I enjoyed cooking dinner for my grandmother.　We had a nice birthday for her.　And the next day, I went back to my house in America.　I had a very good summer vacation.　Thank you for listening.

5　Thank you for shopping at our department store.　This week, we have an event about chocolate on the sixth floor.　You can see many kinds of chocolate.　Some of the restaurants serve you dishes with those kinds of chocolate.　Please try some of those dishes at the restaurants on the seventh floor.　We also have a special event about shoes on the fifth floor.　There are various kinds of shoes made in overseas countries.　You can get these shoes only at our department store and only this week.　Our department store will be closed at 8 p.m., but the seventh floor and the restaurants on it are open until 9 p.m.　Please enjoy shopping at our department store.　Thank you.

Question 1:　What can people see on the sixth floor?

Question 2:　What time will the restaurants on the seventh floor be closed?

6 Miki: Hi, Jim. What will you do this weekend?

Jim: Hi, Miki. On Saturday, I am going to go to see a popular movie in the new theater in front of the station.

Miki: Oh, is that the movie about the famous soccer team?

Jim: That's right. I like one of the actors.

Miki: I saw it two weeks ago. It was excellent!

Jim: What did you like about the movie?

Miki: I liked the story the best. You know it's a true story. It encouraged me a lot.

Jim: That sounds good.

Miki: Actually, I bought a book about the history of the soccer team. It was interesting, too.

Jim: Really?

Miki: Yes. I think you will like the movie. The music in the movie was also good. In the movie, when the team has a difficulty, we hear exciting music. For example, the team was very weak and then one of the players cried a lot and ...

Jim: Wait, Miki! I haven't watched the movie yet.

Miki: Oh, I'm sorry. Let's talk about it next week. OK?

Jim: OK.

Miki: Well, shall I lend you the book? I think you can enjoy watching the movie more if you have some information about the team.

Jim: Yes, please. The book will be helpful for getting ready to watch the movie. Thank you very much.

Question 1:   What was the thing Miki liked the best about the movie?
Question 2:   What will Jim probably do before he watches the movie?

実践問題①

問題は，No. 1 ～ No. 7 の全部で 7 題あり，放送はすべて英語で行われます。放送される内容についての質問にそれぞれ答えなさい。No. 1 ～ No. 6 は，質問に対する答えとして最も適切なものを，A ～ D の中から 1 つずつ選び，その記号を書きなさい。No. 7 は，それぞれの質問に英語で答えなさい。放送中メモを取ってもかまいません。各問題について英語は 2 回ずつ放送されます。

【No. 1 ～ No. 3】

Listen to each talk, and choose the best answer for each question.

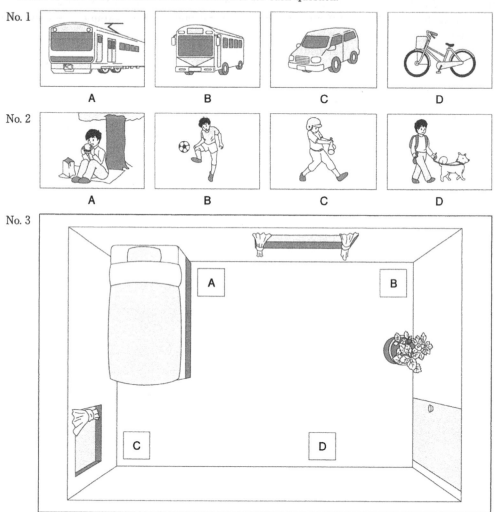

No. 1 A   B   C   D

No. 2 A   B   C   D

No. 3 A   B   C   D

【No. 4 , No. 5】

Listen to each situation, and choose the best answer for each question.

No. 4

    A Here you are.   **B** Thanks.

    C You, too.   **D** Give me some water, please.

No. 5

    A Sorry, I don't know.   **B** You should go alone.

    C I will go with you.   **D** Will you change trains at the station?

【No. 6】

Listen to the talk about a new candy shop, Sweet Saitama, and choose the best answer for questions 1, 2 and 3.

(1) Question 1

A On the shopping street near Keyaki Station.

B In the soccer stadium.

C In the building of Keyaki Station.

D On the way to a flower shop.

(2) Question 2

A One day.

B Two days.

C Three days.

D Four days.

(3) Question 3

A The new candy shop sells flowers from other countries.

B The new candy shop opens at seven a.m.

C The special ice cream is the most popular at the new candy shop.

D The new candy shop is closed on Mondays and Tuesdays.

【No. 7】

Listen to the talk between Miho and Mr. Ford, an ALT from London, and read the questions. Then write the answer in English for questions 1, 2 and 3.

(1) Question 1 : When is Mr. Ford happy?		
Answer : He is happy when students ( ) him in English.		
(2) Question 2 : Where does Mr. Ford often go to enjoy bird watching in Japan?		
Answer : He goes to the ( ) near his house.		
(3) Question 3 : What did Mr. Ford want to be when he was a junior high school student?		
Answer : He wanted to be ( ).		

No. 1 ※		No. 2 ※		No. 3 ※	
No. 4 ※		No. 5 ※			
No. 6 ※	(1)		(2)	(3)	
No. 7 ※	(1)	He is happy when students ( ) him in English.			
	(2)	He goes to the ( ) near his house.			
	(3)	He wanted to be ( ).			

実践問題① 放送文

※「チャイム」

これから「放送を聞いて答える問題」を始めます。　問題は，No. 1 〜 No. 7 の全部で 7 題あり，放送はすべて英語で行われます。放送される内容についての質問にそれぞれ答えなさい。No. 1 〜 No. 6 は，質問に対する答えとして最も適切なものを，A 〜 D の中から 1 つずつ選び，その記号を書きなさい。No. 7 は，それぞれの質問に英語で答えなさい。放送中メモを取ってもかまいません。各問題について英語は 2 回ずつ放送されます。

では，始めます。

Look at No. 1 to No. 3.
Listen to each talk, and choose the best answer for each question.
Let's start.

No. 1

A : Hi, Bill. I went to the car museum and saw many cars last week.
B : Oh, really? I love cars, Mary. I want to go there, too. How can I get there?
A : You can take a bus from the station. But I went there by bike.
B : OK. Thanks.

Question : How did Mary go to the museum?

（会話と質問を繰り返します。）

No. 2

A : I saw Kevin yesterday when I was walking on the way to a hamburger shop. He was practicing soccer.
B : He is good at baseball, too, right?
A : Yes, he is. Look, Kevin is over there.
B : Oh, he is walking with his dog today.

Question : What was Kevin doing yesterday?

（会話と質問を繰り返します。）

No. 3

A : Judy, where do you want to put your new desk?
B : I want to put it in the corner by the window.
A : Oh, you want to put it by the bed?
B : No. There by the plant.

Question： Where does Judy want to put her desk?

（会話と質問を繰り返します。）

Look at No. 4 and No. 5.
Listen to each situation, and choose the best answer for each question.
Let's start.

No. 4

Peter has just come home by bike.
He is really thirsty and asks his mother to give him something to drink.
She gives him some water.

Question： What will Peter's mother say to him?

（英文と質問を繰り返します。）

No. 5

Emi is walking on the street.
A woman asks her the way to the station.
Emi is also going there, so Emi has decided to take the woman to the station.

Question： What will Emi say to the woman?

（英文と質問を繰り返します。）

Look at No. 6.

Listen to the talk about a new candy shop, Sweet Saitama, and choose the best answer for questions 1, 2 and 3.

Let's start.

A new candy shop, Sweet Saitama, just opened yesterday on the shopping street near Keyaki Station. It is on the way to the soccer stadium.

The shop sells things like candy, chocolate, and ice cream from many countries. The flowers made from candy are especially popular. The people working at the shop had training. They can make them by hand. You can see their work through the window of the shop from eleven a.m. to three p.m.

They started a special opening event yesterday, so a lot of people are at the shop today. If you buy something at the shop, you can get a piece of chocolate as a present. This event finishes tomorrow.

The shop is open from Wednesday to Sunday, from ten a.m. to seven p.m. Visit Sweet Saitama for a sweet time.

Question 1 : Where is the new candy shop?

Question 2 : How many days is the special opening event for?

Question 3 : Which is true about the new candy shop?

（英文と質問を繰り返します。）

Look at No. 7.
Listen to the talk between Miho and Mr. Ford, an ALT from London, and read the questions. Then write the answer in English for questions 1, 2 and 3.
Let's start.

Miho :	Excuse me, Mr. Ford. May I ask you some questions for the school newspaper? I'm going to write about you.
Mr. Ford :	Of course, Miho.
Miho :	Thanks. Do you enjoy teaching English here?
Mr. Ford :	Yes. I'm happy when students talk to me in English.
Miho :	I also enjoy talking with you in English. What do you like to do on weekends?
Mr. Ford :	I really like bird watching. When I was in London, many birds flew into my garden, and I enjoyed watching them.
Miho :	Do you enjoy bird watching in Japan?
Mr. Ford :	Yes. I often go bird watching at the lake near my house. There are many kinds of birds. I always take a lot of pictures of them there. It's very interesting.
Miho :	That sounds fun. By the way, what did you want to be when you were a junior high school student?
Mr. Ford :	Well, I wanted to be a doctor, then. But when I was a high school student, I had a wonderful teacher, so I wanted to be a teacher like him.
Miho :	Oh, really? Thank you very much. I'll be able to write a good story.

（会話を繰り返します。）

以上で「放送を聞いて答える問題」を終わります。

実践問題②

リスニングテスト

(1) No. 1

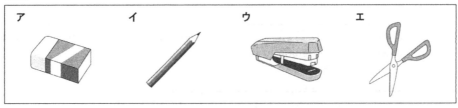

No. 2

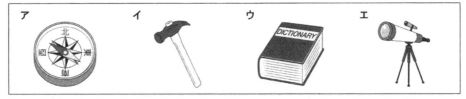

No. 3

 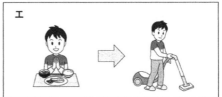

(2) No. 1 ＜学校での会話＞

　　ア　I didn't have a headache.

　　イ　I hope you'll get well soon.

　　ウ　Sure. I want to see him, too.

　　エ　OK. You will.

No. 2 ＜バス乗り場での会話＞

　　ア　Three hundred yen.

　　イ　About twenty minutes.

　　ウ　At five o'clock.

　　エ　The bus No. 7.

	No. 1	No. 2	No. 3
(1)			

	No. 1	No. 2
(2)		

(3) No. 1 Which was used for Kevin's speech?

ア
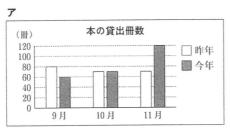

イ
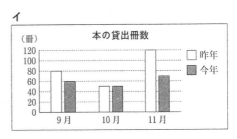

ウ
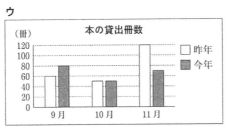

エ
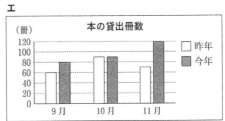

No. 2 Why did Kevin make this speech?

    ア He wanted his classmates to know how many books they borrowed this October.
    イ He wanted his classmates to make cards to show their favorite books.
    ウ He wanted his classmates to come to the library and find wonderful books.
    エ He wanted his classmates to know his favorite books.

(4) Which *memo has the information that Taro wanted to tell Terry?

ア

Message from Taro
    — party starts at 4 *p.m.
    — Taro's house at 2 p.m.
    — bring a card game

イ

Message from Taro
    — party starts at 3 p.m.
    — Taro's house at 2 p.m.
    — bring some food

ウ

Message from Taro
    — party starts at 4 p.m.
    — Taro's house at 3 p.m.
    — bring some juice

エ

Message from Taro
    — party starts at 3 p.m.
    — Taro's house at 2 p.m.
    — bring a card game

*(注) memo メモ *p.m.* 午後

	No. 1	No. 2
(3)		

(4)	

問題は，(1)，(2)，(3)，(4)があります。どの問題も，英語を聞いて，質問の答えとして最も適切なものを，**ア**から**エ**の中から１つずつ選び，記号を書きなさい。英語は，(1)は１度，(2)，(3)，(4)は２度読みます。メモをとってもかまいません。

まず，(1)から始めます。(1)は，No.1からNo.3のそれぞれの絵を見て答える問題です。
(1)は，英語は１度読みます。それでは，始めます。
No.1　Look at No.1. It is used for cutting paper. Which picture shows this?
No.2　Look at No.2. We usually use this when we want to know what a word means. Which picture shows this?
No.3　Look at No.3. The boy usually goes running before breakfast. But today, he didn't go out because the weather was bad. So, he had breakfast and then cleaned his room. Which picture shows what the boy did this morning?
これで(1)は終わります。

次の(2)では，No.1とNo.2で，男の人と女の人が会話をしています。それぞれの会話の後，"Question"と言ってから，会話についての質問をします。
(2)は，英語は２度読みます。それでは，始めます。
No.1　※　A（m）：Hi, Amy. Did you hear about Taku?
　　　　　　B（f）：No. What happened?
　　　　　　A（m）：He has been in the hospital since last Friday.
　　　　　　B（f）：Oh, really?
　　　　　　A（m）：I'm going to go to the hospital to see him. Will you come with me?
　　　　　　　　　Question（f）：What will the girl say next?
　繰り返します。※　略
No.2　※　A（m）：May I help you?
　　　　　　B（f）：I want to go to Sakura Stadium. But I don't know which bus I should take.
　　　　　　A（m）：Well, you can take the green one. That bus goes there.
　　　　　　B（f）：Thank you. How long will it take?
　　　　　　　　　Question（m）：What will the man say next?
　繰り返します。※　略
これで(2)は終わります。

次の(3)では，図書委員のケビンが，自分のクラスで話をしています。内容に関するNo.1とNo.2の質問と答えの選択肢を，今から15秒間で確認しなさい。
（間15秒）
(3)は，英語は２度読みます。それでは，始めます。
　　　　　※
　　　Look at this graph. This September, our class borrowed 60 books. We borrowed 80 books last September. I wanted you to borrow more books. So, I made some cards to show my favorite books to you. Some of you liked my idea and made cards, too. Thank you very much! This October, we borrowed more books than this September. This November, we borrowed more than 100 books. I'm very happy now because you have borrowed more books. I hope you will come to the library and find wonderful books.
　繰り返します。※　略
　これで(3)は終わります。

次の(4)では，太郎が，友人の有紀の誕生日パーティについて，テリーに電話をかけています。しかし，テリーは留守だったので，妹のルーシーと話をしています。内容に関する質問と答えの選択肢を，今から10秒間で確認しなさい。
（間10秒）
(4)は，英語は２度読みます。それでは，始めます。
　　　　　※
　　　Lucy：Hello.
　　　Taro：Hello, this is Taro. May I talk to Terry, please?
　　　Lucy：Hi, Taro. This is Lucy, speaking. I'm sorry, but he isn't here now.
　　　Taro：Can I leave a message about Yuki's birthday party tomorrow?
　　　Lucy：All right.
　　　Taro：We wanted to begin the party at 3 p.m. But she has a piano lesson at that time, so we will start the party at 4 p.m.
　　　Lucy：I see.
　　　Taro：Please ask Terry to come to my house at 2 p.m. I want to go shopping for some food and juice with him before the party. I also want him to bring a card game. We will play it at the party.
　　　Lucy：OK.
　　　Taro：That's all, thank you very much.
　　　Lucy：No problem. Bye.
　　　Taro：Bye.
　繰り返します。※　略

〔アナウンス　4〕

これでリスニングテストを終わります。

（四点チャイム）

過去問題C ①

【Part A】

1
　ア　A bag which is bigger than Ann's bag is not necessary.
　イ　Another bag which is as big as Ann's bag is necessary.
　ウ　Ann's bag is good, but a bigger one is better for the trip.
　エ　Ann's bag isn't good, so a smaller one is necessary for the trip.

解答欄	ア	イ	ウ	エ

2
　ア　Mike will be an excellent player with any racket.
　イ　Mike is an excellent player, so he always chooses a good racket.
　ウ　This kind of racket is needed if Mike hopes to be a good player soon.
　エ　It is important for Mike to know what kind of racket is good for him.

解答欄	ア	イ	ウ	エ

3
　ア　Ann thinks it is quite easy to find a good place for practicing their program.
　イ　Ann doesn't think they need to find a good place for practicing their program.
　ウ　Ann thinks finding a good place for practicing their program will be a problem.
　エ　Ann thinks they have more important things to do before practicing their program.

解答欄	ア	イ	ウ	エ

4
　ア　"I'll be late.　Tell the other people to go inside the theater and leave us."
　イ　"I'll be late.　Don't wait for me.　Go inside the theater with the other people."
　ウ　"I'll be late.　I don't want you to leave me.　Please wait for me.　I'll be there soon."
　エ　"I'll be late.　Can you wait for me outside the theater?　I'll be there in half an hour."

解答欄	ア	イ	ウ	エ

5
　ア　To ask her sister to change their plan of practicing tennis on Saturday.
　イ　To ask her sister to keep their promise of watching the movie on Saturday.
　ウ　To ask her sister to be Mike's coach for practicing tennis on Sunday or another day.
　エ　To ask her sister to change their plan and watch the movie on Sunday or another day.

解答欄	ア	イ	ウ	エ

【 Part B 】

6 (1) ア The number of songs the toy can sing.
    イ The number of toys which will be sold today.
    ウ The number of actions the toy can do for people.
    エ The number of sentences the toy can understand.

解答欄	ア	イ	ウ	エ

(2) ア The toy is very clever, but it can only listen to a person's words and say the same words it hears.
    イ The toy is very clever, and it speaks a sentence or moves its body when people say something to it.
    ウ The toy is very small and light, and doesn't need so much electricity, but it needs energy every 8 hours to keep working.
    エ The toy will be sold through the phone and the Internet, and its price depends on the way of shopping.

解答欄	ア	イ	ウ	エ

【 Part C 】

Eco-Tour

When you join a tour, you may enjoy sightseeing, eating foods, or shopping. However, an eco-tour is a little different kind of tour. The following things are the things the participants of an eco-tour should do.

1. Protect the local environment and respect the local culture
2. Learn through experiences
3. Contribute to the local area

For example, if you join an eco-tour, you may enjoy the wonderful nature with a local guide. You may stay with a local family and enjoy their culture. An eco-tour is a new kind of tour.

(注) eco-tour　エコ・ツアー　　　　participant　参加者　　　　contribute　貢献する

Please look at Part A. In this part of the listening test, you will hear five conversations between Ann and Mike. You will hear each conversation twice. After listening to each conversation twice, you will hear a question. Each question will be read only once and you must choose one answer. Now begin.

1 Ann: Look at this bag, Mike. Do you think I need a bigger bag for the trip next week?
   Mike: I think its size is enough, Ann.

  Question: What does Mike mean?

2 Ann: Oh, you've got a new racket, Mike. It looks similar to mine.
   Mike: Actually, I've got the exact same racket, Ann. I hope I'll be a good player like you.
   Ann: Thank you for your words, but I know you'll be an excellent player soon with or without this kind of racket.

  Question: What does Ann mean?

3 Ann: Mike, I've just had an idea for our program in the school festival. Look at this plan. What do you think?
   Mike: It's good, Ann! Let's do it. I think the other members will also agree. And I think many people will enjoy it. The last thing we have to do is to find a good place for practicing it.
   Ann: Yes, but it's not going to be easy.

  Question: What does Ann mean?

4 Ann: Mike! You are late! I've waited for you for half an hour. The concert has already started.
   Mike: Oh, Ann, I'm very sorry. I left a message on your cellphone because I didn't want you to wait for me outside the theater. I told you to go inside the theater with the other people before I arrive.
   Ann: Did you? I didn't have time to hear it today. And I left my cellphone at home. I am sorry.

  Question: What was the message Mike left on Ann's cellphone?

5   Mike: Ann, are you free this Saturday? My brother and I will play tennis. Can you join us?

       Ann: Sorry, Mike. I am going to watch a movie with my sister.

    Mike: Really? You can watch the movie on Sunday or on another day.

       Ann: I know, but the movie is the latest one with my favorite actor. I really want to watch it soon. I also made a promise with my sister.

    Mike: I understand, but if possible, can you change your plan? You are a very good tennis player, and I have a tennis match on Sunday, so I want you to be my coach. Please.

       Ann: What should I do? Well, I'll try to ask my sister.

    Mike: Thank you very much, Ann.

       Ann: But, Mike, I haven't said "yes" yet. Just wait until I get an answer from my sister. I'll send her an e-mail.

    Mike: OK.

Question: Why will Ann send an e-mail to her sister?

Please look at Part B. In this part of the listening test, you will hear a part of a radio program. It will be spoken twice. After listening to it twice, you will hear two questions. Each question will be read only once and you must choose one answer. Now begin.

---

6   Good afternoon, everyone. Now it's time for shopping on the radio. The pretty little thing we bring to you today is a dog, but not a real one. It looks like a small dog, but it's a toy which uses electricity. It can do about 50 actions. For example, it moves its ears. In addition, this dog is so clever. It can understand 100 sentences people speak, and can answer people with 50 sentences it knows. For example, when you say "How are you?" and when it understands your words, it may say, "I'm fine, thank you." When it is confused about your words, it moves its body in many different ways to show it's listening to you. It can also sing 15 songs. The dog is especially good for people who wish to have a pet, but can't for some reasons. Please see how pretty it is on the Internet, if you want to. You will love it. Now, I'll tell you some more things about it. First, you don't need to take care of it. For example, you don't need to take it for a walk. Second, it's so small and light, so it doesn't need much electricity. You can give it enough energy during your sleeping time of about 8 hours, and it can keep working for about 16 hours. Now, don't be surprised at the price. It's only 100 dollars. This is a special price only for today. From tomorrow, it will be 120 dollars. We will sell only 150 toys today. So, hurry up. Please call 555 632 now. We can also take your order through the Internet. Don't miss this chance.

Question 1: What does the number 150 refer to?

Question 2: Which sentence is true about the things which were said in the program?

Please look at the test paper of Part C. First, please read the passage about a kind of tour. You have one minute. Now, begin to read.

【 one minute to read 】

Stop reading. Now you are going to hear the conversation between Tom and Yoko. They are talking about a new kind of tour. You will hear their conversation and the question about it twice. You can write notes about the things they say about the new kind of tour on the test paper when you are listening. Now, listen to the conversation.

Tom: Hi, Yoko. Did you read the passage about the new kind of tour?
Yoko: Yes, I did, Tom. I'm very interested in the new kind of tour. I like nature, but I heard in some parts of the world, nature is changed in bad ways. So, in the future I want to join such a tour to learn what I can do to protect nature. What do you think about the new kind of tour?
Tom: It's a very difficult question, because I like nature like you, so I think the new kind of tour has some good points, but I think there is one bad point about it.
Yoko: What is it?
Tom: Well, visitors have some bad influences on nature. Some visitors may leave trash or hurt nature. So, I think the new kind of tour is not good on that point.
Yoko: That's true. It is impossible to have no influence on the environment. But, still I think the new kind of tour is good, because there are some things we can learn only by visiting the place. Learning from books or through the Internet is important, but I think having experiences is also very important.
Tom: I agree with you. I think the new kind of tour is good. People can have an important experience. Having experiences may change people's thoughts and actions. And, some people may begin to try to protect nature.
Yoko: Yes. I know some people who have joined the new kind of tour. They said they had a wonderful experience.
Tom: Well, I think the new kind of tour is good on another point, too. It's sometimes good for the local people.
Yoko: What do you mean?
Tom: By such tours, the local people may get a job, for example, a job as a guide.
Yoko: That's right. The local people may get some other choices about their ways of working.
Tom: However, I think my first opinion is also right.
Yoko: I agree. When the number of visitors becomes bigger, the situation is not good for the environment. So, it is very difficult. We cannot say the new kind of tour is good or bad so easily. I think it's very important for us to think about a thing from many different points of view.

Question: What does Tom think about the new kind of tour? Explain his opinions about it in English.

You have six minutes to write. Now begin.

【 six minutes to write 】

過去問題C ②

【 Part A 】

1 ア He thinks she can do it if she makes an effort. イ He thinks it depends on the time.
ウ He doesn't think she should practice the speech. エ He doesn't allow the woman to try.

解答欄	ア	イ	ウ	エ

2 ア She doesn't know how to meet the pianist. イ She doesn't respect the pianist.
ウ She has no idea about the pianist. エ She has great respect for the pianist.

解答欄	ア	イ	ウ	エ

3 ア She doesn't think he will be able to solve the problem by talking more with his classmates.
イ She doesn't think that it is necessary for him to think about the ideas of his classmates.
ウ She thinks that he should talk more with his classmates to solve the problem.
エ She thinks that the man should solve the problem by deciding the song alone.

解答欄	ア	イ	ウ	エ

4 ア She thinks it is very difficult to choose the restaurant to go with the man this weekend.
イ She thinks it is very difficult for her and the man to decide the curry to eat at the restaurant.
ウ She cannot choose vegetables for making curry to serve for lunch with the man.
エ She cannot decide to go to the restaurant near the station with the man and her sister.

解答欄	ア	イ	ウ	エ

5 ア He has decided to try to get the ticket soon because he doesn't want to waste his time.
イ He was encouraged by the woman and he thinks that he can get the ticket.
ウ He understands that he will be able to get the ticket easily if he hurries up.
エ He thinks that it is too late to get the ticket although the woman tells him to try.

解答欄	ア	イ	ウ	エ

【 Part B 】

6 (1) ア 0　　　イ 1　　　ウ 2　　　エ 3

解答欄	ア	イ	ウ	エ

(2) ア　When people are interested in buying a new computer from the company, they should push number 4.

イ　When people want to know how to recycle or sell their old computer, they should push number 5.

ウ　People cannot push any numbers before they finish listening to all of the message by the machine.

エ　If people want to get help quickly, they can push a number and then a guide will call them later.

解答欄	ア	イ	ウ	エ

【 Part C 】

Advertisements

In advertisements we watch on TV, various ways to attract people's attention are used. One of them is to emphasize a function of a product. Another way is to associate a nice image with a product. In this passage, we call these two ways to advertise Way A and Way B.

> **Emphasizing a function** is called **Way A**.
>
> **Associating a nice image** is called **Way B**.

(注)　advertisement　宣伝　　　attract　引きつける　　　emphasize　強調する
　　　function　機能　　　　　　product　製品　　　　　　associate　結びつける
　　　advertise　宣伝する

Please look at part A. In this part of the listening test, you will hear five conversations between two people. You will hear each conversation twice. After listening to each conversation twice, you will hear a question. Each question will be read only once and you must choose the answer. Now begin.

---

1   Woman: Do you think that I can make a good speech in front of many people next month?
    Man: It depends on the effort you make.

Question: What does the man mean?

2   Man: I've heard that you like that pianist.
    Woman: Yes, she is a wonderful pianist. She is also doing various activities as a volunteer. I don't know how to express my respect for her.

Question: What does the woman mean?

3   Man: In my class, there are many different ideas about the song to sing at the music festival. So, we have not decided the song yet. I don't know what to do.
    Woman: Well, you cannot solve that problem without talking more with your classmates.

Question: What does the woman mean?

4   Woman: Do you know the new restaurant that opened last month near the station?
    Man: Yes. I've heard that the chicken curry at the restaurant is very delicious.
    Woman: My sister says the restaurant serves various kinds of curry. Her favorite one is vegetable curry. My sister and I will go to the restaurant for lunch this weekend. Will you join us?
    Man: Oh, really? Yes, I'll join you. Which curry should I have? It's hard to choose.
    Woman: Well, it's difficult for me, too.

Question: What does the woman mean?

5   Woman: Do you know that your favorite singer will hold a concert in this city next month?

        Man: Really? How did you know that?

      Woman: I heard that from one of my friends. She is also a fan of the singer. Are you interested in the concert?

        Man: Yes, I want to go to the concert, but I don't think it will be possible to get a ticket. He is very popular and it's already one month before the concert.

      Woman: I heard the concert will be held in the big stadium in our city. So, I think you can still get one.

        Man: Do you think I have a chance?

      Woman: Yes, you do. Hurry up. You can get the information about it on the Internet. You know you cannot judge anything before you try it.

        Man: I understand you, but I don't think I can get it. I just feel I am going to waste my time.

  Question: What does the man mean?

Please look at part B. In this part of the listening test, a person will call a company, and you will hear some sounds and messages from a machine on the phone. You will hear them twice. After listening to them twice, you will hear two questions. Each question will be read only once and you must choose the answer. Now begin.

---

6   Hello. Thank you for calling our company. This message is spoken by a machine. Please listen to the following choices and push the number for the help you need. Then, we will connect you to one of the guides who can help you. You can push the number at any time you like.

If you wish to buy a computer or get information about our new computers, please push number 1. If the computer you have bought is broken and needs to be repaired, please push number 2. If you need some help for connecting your computer to the Internet, please push number 3. If you have some questions about ways to use the computer you have bought, please push number 4. For other questions or troubles, please push number 5. If you wish to listen to this message again, please push number 0. We are very sorry, but it may take some time to connect you to the guide who will help you. In such a case, please wait or try again later. This is the end of the message. Now please push the number for your need.

If you wish to buy a computer or get information about our new computers, please push number 1. If the computer you have bought is broken and needs to be repaired, please push number 2. If you need some help for connecting your computer to the Internet, …

Hello. Thank you for calling our company. I guess your computer needs to be repaired. Can you tell me about the problem?

Question 1:   What was the last number the person pushed to get help?

Question 2:   Which sentence is true about the information of the message?

Please look at the test paper of Part C. First, please read the passage about ways to get people's attention to sell things. You have one minute. Now, begin to read.

【 one minute to read 】

Stop reading. Now you are going to hear the conversation between Ben and Maki. They are talking about ways to get people's attention to sell things. You will hear their conversation and the question about it twice. When you are listening, you can write notes on the test paper about the things they say about ways to get people's attention to sell things. Now, listen to the conversation.

Ben: Maki, did you read the passage about the two ways to get people's attention to sell something?
Maki: Yes, I did, Ben. It is interesting.
Ben: Actually, the two ways written in this passage are often used.
Maki: For example?
Ben: On TV, many things for cleaning houses are introduced. Some of them are introduced by telling that they are very useful and convenient to make houses clean. Other ones are shown together with famous actors or singers to produce nice images of the things. When you choose things to buy, which way is better?
Maki: The second example you told me is Way B, and maybe Way B is better for me when I choose things to clean my house. I don't think there are big differences among the things to clean houses. So, I think producing nice images of the things is better to get my attention.
Ben: I see. I think that showing a nice image of a thing in Way B is useful to make differences among things that don't actually have big differences.
Maki: I think so, too.
Ben: However, I think telling that something is very useful and convenient in Way A is better to get the attention of people who already have a clear purpose for using it.
Maki: I see. Oh, I remembered my sister and brother talked about cars introduced on TV. You know that many kinds of cars are introduced in various ways on TV.
Ben: Yes, there are many good examples.
Maki: That's right. A car that has a special system to make the car safer is often introduced in Way A. This will get the attention of people who want to buy a safer car, like my sister. Another car is introduced together with a beautiful scene around the car. This is Way B. People who watch it may feel the cool life style of the driver. So, this way will be helpful to get the attention of people who want to live in a cool way, like my brother. Companies are always thinking about people who may buy their things.
Ben: Yes. I think that the choice between Way A and Way B by companies depends on the people who will most probably buy their things.
Maki: That's right. I think it is necessary to know how things are introduced on TV.

Question: What does Ben think about Way A and Way B? Explain his opinions in English.

You have six minutes to write. Now begin.

実践問題③

〔聞くことの検査〕

A （英文を聞いて質問に答える問題）

B

No. 1

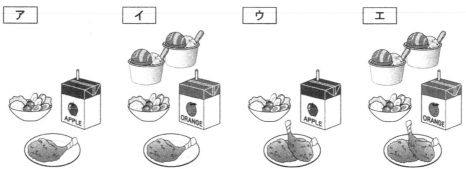

| ア | イ | ウ | エ |

No. 2

ア

Schedule	
Mon	Basketball Practice
Tue	Piano Lesson
Wed	
Thu	Basketball Practice
Fri	Basketball Practice

イ

Schedule	
Mon	Basketball Practice
Tue	
Wed	Basketball Practice
Thu	Library
Fri	Basketball Practice

ウ

Schedule	
Mon	Basketball Practice
Tue	Library
Wed	
Thu	Basketball Practice
Fri	Basketball Practice

エ

Schedule	
Mon	Basketball Practice
Tue	
Wed	Basketball Practice
Thu	Piano Lesson
Fri	Basketball Practice

C

Part 1

Today's Goal	To make a plan for Mr. Brown's 　ア　 during her stay
About Her	• Spend one week in our city • Interested in Japanese pop culture and music • Likes ⎰ reading Japanese 　イ　 　　　　⎱ playing some instruments
Mr. Brown's Plan	The first day: To take her to the summer 　ウ
	The second day: To take her to the biggest bookstore

Part 2

No. 1　（質問に続けて読まれる選択肢**ア**～**ウ**から１つ選び，その符号を書きなさい。）

No. 2　（質問に続けて読まれる選択肢**ア**～**ウ**から１つ選び，その符号を書きなさい。）

No. 3　（質問に対する適切な答えを英語で書きなさい。）

〔聞くことの検査〕

A

記入例	**a**	正	誤	**b**	正	誤	**c**	正	誤

No. 1	**a**	正	誤	**b**	正	誤	**c**	正	誤
No. 2	**a**	正	誤	**b**	正	誤	**c**	正	誤

B

No. 1		No. 2	

C　**Part** 1

ア		イ		ウ	

Part 2

No. 1		No. 2	

No. 3	

実践問題③ 放送文

問題は，A，B，Cの3つに分かれています。英語は，すべて2回繰り返します。メモを取ってもかまいません。(3秒)

それでは，Aの問題を始めます。Aでは，2つの場面の英文を読みます。それぞれの英文の後に質問とその答えを読みますから，答えが正しいか，誤っているかを判断して，記入例のようにマルで囲みなさい。なお，各質問に対する正しい答えは1つです。

では，始めます。

〔No. 1〕 A: Takashi, you and Hiroshi are good friends.
B: Thank you, Aki. We went to the same junior high school.
A: I see. How long have you known each other?

(間1秒)

Question: What will Takashi say next?
Answer: a. Three times.
b. Every day after I came to this city.
c. For about 10 years.

繰り返します。

(Repeat)
(間2秒)

〔No. 2〕 A: I hope it will be sunny tomorrow because tomorrow is our sports day.
B: It's cloudy today, but the weather report says it's going to be rainy tomorrow.
A: Really? That's too bad.
B: If it's rainy tomorrow, we will have some activities in the gym.

(間1秒)

Question: How is the weather today?
Answer: a. It is sunny.
b. It is cloudy.
c. It is rainy.

繰り返します。

(Repeat)
(間2秒)

次に，Bの問題に移ります。Bでは，2つの場面の英文を読みます。それぞれの英文の後に質問を読みますから，問題用紙にあるア，イ，ウ，エから正しい答えを1つずつ選び，その符号を書きなさい。

では，始めます。

〔No. 1〕

A: I'd like two pieces of fried chicken and a salad, please.
B: Would you like anything to drink?
A: Do you have apple juice?
B: Yes.
A: I'll take it.
B: That'll be eight dollars in total.

(間1秒)

Question: What will the woman buy?

繰り返します。

(Repeat)
(間2秒)

〔No. 2〕

A: Mark, would you like to go to the library to study with me this week?
B: Hi, Emi. Well, I have basketball practice on Monday, Wednesday and Friday. How about Tuesday?
A: I'm sorry. I have a piano lesson on Tuesday.
B: OK, well... I have time on Thursday after school.
A: Thank you. I'll meet you in the library, then.

(間1秒)

Question: Which one is Mark's schedule for this week after the dialog?

繰り返します。

(Repeat)
(間2秒)

◇M6(421—38)

次に，**C**の問題に移ります。**C**では，ALT や生徒が授業中に話している場面の英文が流れます。なお，**C**は，**Part** 1 と **Part** 2 の，2つの問題に分かれています。

それでは，**Part** 1 を始めます。**Part** 1 では，ALT のブラウン（**Brown**）先生の，授業の始めの場面の英文が流れます。放送を聞きながら，表の**ア，イ，ウ**のそれぞれの空欄に当てはまる適切な英語を書きなさい。

では，始めます。

Hello, everyone. Today we are going to make a plan to travel around our city.

This summer, my sister, Jenny, will come and visit me and stay in Japan for two weeks. She is planning to spend her first week in our city and wants to try different things every day.

First, I'm going to tell you about my sister. She is a university student and is interested in Japanese pop culture and music. She likes reading Japanese magazines and she is a big fan of anime. She also likes playing some instruments such as piano, guitar and drums. She wants to try some Japanese instruments during her stay in Japan.

Now, I'll tell you about my plan. On the first day, I want her to enjoy old Japanese culture and will show her some Japanese traditions. I will take her to the summer festival. She will be excited to experience cultural differences. On the second day, I'll take her to the biggest bookstore in our city. I'm sure she will like it and want to stay there for many hours.

What do you think about my plan? Please make a pair with the person next to you and make my plan better. I'll give you ten minutes. Let's start.

繰り返します。

(Repeat)

(間 3 秒)

次に，**Part** 2 に移ります。**Part** 2 では，大樹（**Daiki**）さんと広美（**Hiromi**）さんが，ブラウン（**Brown**）先生の説明を聞いた後に話し合っている場面の英文が流れます。そのあと，**No.** 1 から **No.** 3 まで 3 つの質問を読みますから，問題用紙の指示に従ってそれぞれ書きなさい。

では，始めます。

Daiki: Hi, Hiromi! Let's do our best to make a good plan for Jenny. What do you think about Mr. Brown's plan?

Hiromi: Well, the summer festival is an exciting event. Also she can enjoy wearing yukata. I know how to wear it, so I will help her. I think she will look good in it. I hope she will like it.

Daiki: Do you remember that she is interested in instruments? I hear there are performances by a Japanese drum team in the summer festival.

Hiromi: Really? Mr. Brown will be happy to hear that.

Daiki: I will give her a chance to experience the Japanese drums and learn how to play them. My grandfather is a teacher of traditional Japanese drums. He teaches children traditional Japanese drums every weekend.

Hiromi: That's great. Could you ask him to teach her how to play them?

Daiki: Of course. I'm sure our plan will make her happy.

Hiromi: I think we should tell our classmates about our ideas.

(間 3 秒)

Question:

〔**No.** 1〕 What is Hiromi's idea to make Jenny happy in the summer festival?

　　　　Answer: **ア**. She thinks Jenny should wear a yukata in the summer festival.

　　　　　　　　イ. She thinks Jenny should watch performances by a Japanese drum team.

　　　　　　　　ウ. She thinks Jenny should try different things every day.

(間 2 秒)

〔**No.** 2〕 Who will teach Jenny how to play the Japanese drums?

　　　　Answer: **ア**. A member of a Japanese drum team will.

　　　　　　　　イ. Daiki's grandfather will.

　　　　　　　　ウ. She will learn it by herself.

(間 2 秒)

〔**No.** 3〕 If Mr. Brown asks you to make a plan for the third day, where will you take her?

　　　　And why will you take her there?

(間 5 秒)

繰り返します。

(Repeat)

(間 5 秒)

以上で，聞くことの検査を終わります。〔**チャイムⅡ**〕

実践問題④

リスニングテスト（**放送**による指示に従って答えなさい。）

〔**問題A**〕 次の**ア**～**エ**の中から適するものをそれぞれ**一つずつ**選びなさい。

＜対話文1＞

 ア On the highest floor of a building.

 イ At a temple.

 ウ At their school.

 エ On the seventh floor of a building.

＜対話文2＞

 ア To see Mr. Smith.

 イ To return a dictionary.

 ウ To borrow a book.

 エ To help Taro.

＜対話文3＞

 ア At eleven fifteen.

 イ At eleven twenty.

 ウ At eleven thirty.

 エ At eleven fifty-five.

〔**問題B**〕 ＜Question 1＞ では，下の**ア**～**エ**の中から適するものを**一つ**選びなさい。

     ＜Question 2＞ では，質問に対する答えを英語で書きなさい。

＜Question 1＞

 ア For six years.

 イ For three years.

 ウ For two years.

 エ For one year.

＜Question 2＞

（15秒程度，答えを書く時間があります。）

〔問題A〕	＜対話文1＞	⑦	⑦	⑦	⑦
	＜対話文2＞	⑦	⑦	⑦	⑦
	＜対話文3＞	⑦	⑦	⑦	⑦
〔問題B〕	＜Question 1＞	⑦	⑦	⑦	⑦
	＜Question 2＞				

実践問題④　放送文

英文とそのあとに出題される質問が，それぞれ全体を通して二回ずつ読まれます。問題用紙の余白にメモをとってもかまいません。

（2秒の間）

〔問題A〕

問題Aは，英語による対話文を聞いて，英語の質問に答えるものです。ここで話される対話文は全部で三つあり，それぞれ質問が一つずつ出題されます。質問に対する答えを選んで，その記号を答えなさい。

では，＜対話文1＞を始めます。

（3秒の間）

> *Yumi:*　David, we are on the highest floor of this building. The view from here is beautiful.
>
> *David:*　I can see some temples, Yumi.
>
> *Yumi:*　Look! We can see our school over there.
>
> *David:*　Where?
>
> *Yumi:*　Can you see that park? It's by the park.
>
> *David:*　Oh, I see it. This is a very nice view.
>
> *Yumi:*　I'm glad you like it. It's almost noon. Let's go down to the seventh floor. There are nice restaurants there.

（3秒の間）

Question :　Where are Yumi and David talking?

（5秒の間）

繰り返します。

＜対話文2＞を始めます。

（3秒の間）

> *Taro:*　Hi, Jane. Will you help me with my homework? It's difficult for me.
>
> *Jane:*　OK, Taro. But I have to go to the teachers' room now. I have to see Mr. Smith to give this dictionary back to him.
>
> *Taro:*　I see. Then, I'll go to the library. I have a book to return, and I'll borrow a new one for my homework.
>
> *Jane:*　I'll go there later and help you.
>
> *Taro:*　Thank you.

（3秒の間）

Question :　Why will Jane go to the library?

（5秒の間）

繰り返します。

<対話文3>を始めます。

（3秒の間）

Woman:	Excuse me. I'd like to go to Minami Station. What time will the next train leave?
Man:	Well, it's eleven o'clock. The next train will leave at eleven fifteen.
Woman:	My mother hasn't come yet. I think she will get here at about eleven twenty.
Man:	OK. Then you can take a train leaving at eleven thirty. You will arrive at Minami Station at eleven fifty-five.
Woman:	Thank you. We'll take that train.

（3秒の間）

Question : When will the woman take a train?

（5秒の間）

繰り返します。

〔問題B〕

（3秒の間）

　　これから聞く英語は，ある外国人の英語の先生が，新しく着任した中学校の生徒に対して行った自己紹介です。内容に注意して聞きなさい。

　　あとから，英語による質問が二つ出題されます。<Question 1 > では，質問に対する答えを選んで，その記号を答えなさい。<Question 2 > では，質問に対する答えを英語で書きなさい。

　　なお，<Question 2 > のあとに，15秒程度，答えを書く時間があります。

　　では，始めます。（2秒の間）

　　Good morning, everyone. My name is Margaret Green. I'm from Australia. Australia is a very large country. Have you ever been there? Many Japanese people visit my country every year. Before coming to Japan, I taught English for five years in China. I had a good time there.

　　I have lived in Japan for six years. After coming to Japan, I enjoyed traveling around the country for one year. I visited many famous places. Then I went to school to study Japanese for two years. I have taught English now for three years. This school is my second school as an English teacher in Japan. Please tell me about your school. I want to know about it. I'm glad to become a teacher of this school. Thank you.

（3秒の間）

<Question 1 > How long has Ms. Green taught English in Japan?

（5秒の間）

<Question 2 > What does Ms. Green want the students to do?

（15秒の間）

繰り返します。

過去問題A・B①

解答例

1．ア　　2．ア　　3．ウ　　4．イ
5．⑴イ　⑵エ　　6．⑴ウ　⑵エ

解説

1　勇樹の質問 What kind of food do you like?「どんな種類の食べ物が好き？」への返事だから，ア「中華料理が好きよ」が適切。

2　ホワイト先生の発言の he raises one of his hands「彼は片手を上げています」と he puts his other hand on his head「彼は反対の手を頭に乗せています」より，アが適切。

3　【放送文の要約】参照。

【放送文の要約】

ベッキー：もしもし，翔太。私は今，スーパーマーケットにいるの。明日は家でパーティーをするわ。何か買ってきてほしいものはある？

翔太　　：ありがとう，ベッキー。今夜ケーキを作るよ。だから，ケーキ用に<u>牛乳１本，卵，バナナが必要</u>だよ。

ベッキー：OK。あ，翔太。<u>卵を買う必要はないわ</u>。キッチンに十分な卵があると思うわ。

翔太　　：ほんと？あ，君の言う通りだ。

ベッキー：お砂糖は必要？

翔太　　：いいや。砂糖は十分あるよ。ありがとう，ベッキー。

ベッキー：どういたしまして。あなたが必要なものを買っていくわね。じゃあ，あとでね。

4　【放送文の要約】参照。燃えるごみ＝今日(火曜日)，古紙＝金曜日，プラスチック製品＝水曜日だから，イが適切。

【放送文の要約】

ジョン：おはよう，恵子。昨晩自分の部屋を掃除して，このビニール袋の中にごみを入れたよ。次はどうすればいい？

恵子　：おはよう，ジョン。それは燃えるごみよね？<u>今日は火曜日</u>だから，家の前にその袋を置けばいいわ。<u>今日，これからその袋は回収される</u>わ。

ジョン：わかった。古雑誌と古新聞も同じ袋に入れていいの？

恵子　：だめよ。それはリサイクルするべきよ。<u>それら(＝古紙)の回収日は金曜日</u>よ。

ジョン：覚えておくよ。そうだ，ペットボトルがここにあるよ。ペットボトル用の別の袋があるの？ペットボトルもリサイクルできるよね？

恵子　：ええ。でも<u>プラスチック製品の日は明日</u>なの。これがそれ用の袋よ。はいどうぞ。

ジョン：ありがとう，恵子。

5　【放送文の要約】参照。⑴　質問「動物園は今日，何回来園者に赤ちゃんたちを見せますか？」…イ「２回」が適切。　　　⑵　質問「来園者にできる，赤ちゃんたちの助けになることとは何ですか？」…エ「赤ちゃんたちに関する本を購入すること」が適切。

【放送文の要約】

ライオンエリアにお越しいただきありがとうございます。今１時です。まもなくここで２頭のライオンの赤ちゃんをご覧いただけ

ます。とても小さくてかわいいですよ。赤ちゃんたちは３か月前に生まれました。彼らは普段，ほとんど１日中寝ていて，時々別の部屋でミルクを飲みます。彼らはまだエサを食べることができませんが，ミルクは大好きです。あ，彼らが来ます。申し訳ありませんが，カメラやスマートフォンは使わないでください。強い光は赤ちゃんたちにとって良くないので，さあ，やってきました！⑴イ<u>今日赤ちゃんたちを見ることができるのはこれが初めて</u>です。赤ちゃんたちは今から30分後に自分の部屋に戻っていきます。でも今日はもう１度見る機会があります。⑴イ<u>赤ちゃんたちは午後４時にもう１度ここに戻ってきます</u>。もし赤ちゃんたちについてもっと知りたければ，門の近くのお店で彼らについての本を購入できます。⑵エ<u>売上は赤ちゃんたちのお世話に使われるので，本を購入していただけると助かります</u>。当動物園で素晴らしい１日をお過ごしください。ありがとうございました。

6　【放送文の要約】参照。

⑴　質問「体へのエネルギーとして，浩二はエミリーに何をあげましたか？」…ウ「チョコレート」が適切。

⑵　質問「会話を通して浩二は何に気づきましたか？」…浩二の６回目の発言より，エ「心にエネルギーを補給することも大切である」が適切。　ア×「冷たい飲み物を飲むことは彼の疲れた体にとって良いことだ」　イ×「景色を楽しむことは彼の体にエネルギーを補給する簡単な方法だ」…本文にない内容。　ウ×「山でリラックスするために最適な方法を見つけるのは難しい」…本文にない内容。

【放送文の要約】

エミリー：がんばって，浩二。疲れちゃったの？

浩二　　：うん，エミリー。ちょっと待って。休憩したいよ。

エミリー：OK。ここで休憩しましょう。温かいお茶をあげるわ。

浩二　　：ありがとう。あ，地図を見て。僕たちはもうこのポイントにいるんだね。

エミリー：そうね。でも頂上に辿り着くにはあと１時間かかりそうね。エネルギーが必要だわ。浩二，あなたは疲れたとき，どうやってエネルギーを補給するの？

浩二　　：温かいお茶を飲んだりおいしいチョコレートを食べたりするのがすごく体にいい気がするよ。僕はいつもお気に入りのチョコレートを持ち歩いてるよ。

エミリー：⑴ウ<u>私もチョコレートが大好きよ。少しくれる？</u>リラックスするにはチョコレートがうってつけね。

浩二　　：⑴ウ<u>いいよ。はい，どうぞ。</u>君はどうやってエネルギーを補給するの，エミリー？

エミリー：それぞれの場所からの景色を楽しむのが大事だと思うわ。見て。ここみたいな高い場所からだとさまざまなものが見えるわ。

浩二　　：なるほど。君は景色からエネルギーを補給するんだね？

エミリー：そうよ。私は高い場所からの景色が好きなの。進んできた道を振り返って考えると，今までの努力を実感できるわ。

浩二　　：君は心へのエネルギー補給について話しているんだね。⑵エ<u>今は，心へのエネルギー補給は体へのエネルギー補給と同じくらい大事だと思うよ。</u>

エミリー：その通りよ！あら，元気になったみたいね，浩二。今は気分がいいでしょ？

浩二　　：うん，準備が整ったよ！さあ，出発しよう！

1．ア　　2．ア　　3．ウ　　4．イ
5．(1)イ　(2)エ　　6．(1)ウ　(2)イ

1　由紀の質問 How was your weekend?「週末はどうだった？」への返事だから，ア「良かったよ」が適切。

2　リサの発言 I don't have anything to cut it.「それを切るものがない」を聞いた直人がリサに渡したものだから，アの「はさみ」が適切。

3　【日本語訳】参照。現在7時25分で，日曜日だから，ウの7時40分が適切。

【日本語訳】
マーク：カナ，今，何時？
カナ　：7時25分よ，マーク。
マーク：ありがとう。じゃあ，5分だけ待てばいいんだよね？
カナ　：違うわ。次のバスは7時30分にはここに来ないわよ。
マーク：なぜ？僕はいつもその時間にバスに乗るよ。
カナ　：マーク，今日は日曜日よ。
マーク：ああ，そうだった。あと15分待たなければいけないね。
カナ　：そうよ。

4　【日本語訳】参照。イが適切。

【日本語訳】
　みなさん，こんにちは。今日は私の夏休みについて話そうと思います。今年の夏は，カナダにいる祖父母を訪ね，アメリカで両親と一緒に過ごして楽しみました。アメリカに戻る前，私は祖父母に会いにカナダへ行きました。8月2日が祖母の誕生日だったからです。私は7月31日に空港に着き，祖父母が車で家まで送ってくれました。彼らは湖の近くに住んでいます。8月1日午前翌朝，私は湖で釣りを楽しみました。8月1日午後昼食後，私は海で泳ぎたかったのですが，雨が降り出しました。それで祖父と買い物に行き，祖母へのプレゼントを買いました。8月2日その次の日は祖母の誕生日でした。8月2日午前私は祖父母と海で泳ぎ，浜辺で昼食を食べました。8月2日午後午後は祖母のために夕食を作って楽しみました。祖母にとって素敵な誕生日になりました。そしてその翌日，私はアメリカにある自宅に戻りました。私は充実した夏休みを過ごしました。ご清聴ありがとうございました。

5　【日本語訳】参照。(1)　質問「6階では何を見ることができますか？」…イ「多くの種類のチョコレート」が適切。　　(2)　質問「7階のレストランは何時に閉店しますか？」…エ「午後9時」が適切。

【日本語訳】
　当デパートでのお買い物，ありがとうございます。
(1)イ今週は，6階でチョコレートの催事がございます。たくさんの種類のチョコレートを取り揃えました。そのチョコレートを使った料理を提供するレストランもございます。7階のレストランでその料理をお楽しみください。また，5階では靴の特別催事がございます。海外で作られた様々な種類の靴をお楽しみいただけます。こちらの靴は，当デパートでのみご購入いただくことができ，今週限りでございます。当デパートは午後8時に閉店いたしますが，(2)エ7階と7階のレストランは午後9時まで営業しております。引き続き，当デパートでのお買い物をお楽しみください。ありがとうございました。

6　【日本語訳】参照。
(1)　質問「美紀がその映画で1番気に入ったところは何ですか？」…美紀の4回目の発言より，ウが適切。
(2)　質問「ジムは映画を見る前に多分することは何ですか？」…ジムの最後の発言より，イ「彼は借りるつもりの本を読む」が適切。　ア「彼は×美紀と映画の中の音楽を聞く」　ウ「彼は×美紀と映画のストーリーについて話す」　エ「彼は×その映画に関する本を執筆する準備をする」

【日本語訳】
美紀：こんにちは，ジム。今週末の予定は？
ジム：やあ，美紀。土曜日は，駅前にある新しい映画館に，人気の映画を見に行く予定だよ。
美紀：あら，それは有名なサッカーチームの映画？
ジム：その通り。俳優の1人が好きなんだ。
美紀：私は2週間前に見たわ。素晴らしかったわよ！
ジム：その映画のどこが気に入ったの？
美紀：(1)ウストーリーが1番気に入ったわ。あなたも知っていると思うけど，実話でしょ。大いに励まされたわ。
ジム：いいじゃないか。
美紀：実を言うと，私はそのサッカーチームの歴史に関する本を買ったのよ。それもおもしろかったわ。
ジム：本当に？
美紀：ええ。あなたもきっと気に入ると思うわ。映画の音楽も良かったのよ。映画では，チームが困難に直面すると，わくわくする音楽が聞こえるの。例えば，チームがものすごく弱くって，選手の1人が号泣して，それから…
ジム：待って，美紀！僕はまだその映画を見ていないんだよ。
美紀：あら，ごめんなさい。来週，映画について話しましょう。いいかしら？
ジム：いいよ。
美紀：じゃあ，あなたにその本を貸しましょうか？そのチームに関する情報があったら，映画を見るのがもっと楽しめると思うわ。
ジム：じゃあ，お願いするよ。(2)イその本を読めば，映画を見る準備ができそうだ。本当にありがとう。

実践問題①

解答例

No.1．D　　No.2．B　　No.3．B

No.4．A　　No.5．C

No.6．(1)A　(2)C　(3)D

No.7．(1)talk to　(2)lake　(3)a doctor

解説

No.1　質問「メアリーはどうやって博物館へ行きましたか？」…A（メアリー）の２回目の発言，I went there by bike.「私は自転車でそこへ行ったわ」より，Dが適切。

No.2　質問「ケビンは昨日何をしていましたか？」…Aの最初の発言，He was practicing soccer.「彼はサッカーを練習していたよ」より，Bが適切。

No.3　質問「ジュディはどこに机を置きたいですか？」…B（ジュディ）の最初の発言，I want to put it in the corner by the window.と，２回目の発言，There by the plant.「植物のそばよ」より，Bが適切。

No.4　質問「ピーターの母は何と言うでしょうか？」…３文目のShe gives him some water.「彼女は彼に水を渡します」より，A「はい，どうぞ」が適切。Here you are.「はい，どうぞ」は相手にものを手渡すときの表現。

No.5　質問「エミは女性に何と言うでしょうか？」…３文目のEmi has decided to take the woman to the station.「エミは女性を駅へ連れて行くことに決めた」より，C「一緒に行きましょう」が適切。

No.6　【日本語訳】参照。

(1)　質問1「新しいキャンディーショップはどこにありますか？」…Aが適切。　(2)　質問2「特別開店イベントは何日間ですか？」…Cが適切。　(3)　質問3「新しいキャンディーショップで正しいものはどれですか？」…D「新しいキャンディーショップは月曜日と火曜日は閉まっています」が適切。

【日本語訳】

昨日，(1)Aけやき駅近くの商店街に新しいキャンディーショップ「スウィート埼玉」がオープンしました。サッカースタジアムに向かう途中です。

この店では，キャンディー，チョコレート，アイスクリームなど，さまざまな国の商品を販売しています。キャンディーで作られた花が特に人気です。その店で働く人は訓練を受け，手作業で作ることができます。午前11時から午後３時まで，店の窓越しに彼らの仕事を見ることができます。

(2)C昨日特別開店イベントを開始したので，今日はたくさんの人が来店しています。お店で何か買うとチョコレートがプレゼントされます。このイベントは明日終了します。

(3)D店は水曜日から日曜日の午前10時から午後７時まで開いています。甘い時間を求めてスウィート埼玉を訪れてください。

No.7　【日本語訳】参照。

(1)　質問1「いつフォード先生はうれしいですか？」…「彼は生徒が英語で彼に（　　）ときにうれしい」＝talk to「話しかける」

(2)　質問2「フォード先生は，日本で，どこによくバードウォッチングを楽しみに行きますか？」…「彼は家の近くの（　　）に行く」＝lake「湖」

(3)　質問3「フォード先生は中学生のとき，何になりたかったのですか？」…「彼は（　　）になりたかった」＝a doctor「医者」

【日本語訳】

ミホ　　　　：すみません，フォード先生。学校新聞の取材で質問をしてもいいですか？先生のことを書くつもりです。

フォード先生：もちろんです，ミホ。

ミホ　　　　：ありがとうございます。ここで英語を教えるのは楽しいですか？

フォード先生：はい。(1)生徒たちが英語で私に話しかけてくれるときにうれしいです。

ミホ　　　　：私も先生と英語で話すのは楽しいです。先生は週末，何をするのが好きですか？

フォード先生：私はバードウォッチングが本当に好きです。私がロンドンにいたとき，たくさんの鳥が私の庭に飛んできて，それらを見て楽しんだものです。

ミホ　　　　：日本でのバードウォッチングを楽しんでいますか？

フォード先生：はい。(2)よく家の近くの湖へバードウォッチングに行きます。たくさんの種類の鳥がいます。いつもそこでたくさん写真を撮ります。それはとても面白いです。

ミホ　　　　：楽しそうですね。ところで，中学生の頃は何になりたかったのですか？

フォード先生：そうですね，(3)私は医者になりたかったです。でも高校生の時に素敵な先生がいたので，彼のような先生になりたいと思いました。

ミホ　　　　：ああ，そうなんですね？ありがとうございました。いい記事が書けそうです。

実践問題②

解答例

(1)No.１．エ　No.２．ウ　No.３．エ

(2)No.１．ウ　No.２．イ

(3)No.１．ア　No.２．ウ

(4)ア

解説

(1)No.1　「紙を切るために使います。どの絵がこれを表していますか？」…エ「はさみ」が適切。

No.2　「私たちはふつう，言葉が何を意味するか知りたいときに使います。どの絵がこれを表していますか？」…ウ「辞書」が適切。　No.3　「その少年は普段朝食前に走りに行きます。でも今日は，天気が悪かったので外に出ませんでした。それで，彼は朝食を食べてから部屋を掃除しました。どの絵が，今朝少年がしたことを表していますか？」…エ「朝食を食べてから掃除をした」が適切。

(2)No.1　「女性は次に何と言うでしょうか？」…直前にタクが「僕は彼に会うために病院に行くんだ。一緒に来てくれない？」と誘ったので，ウ「いいわよ。私も彼に会いたいわ」が適切。　No.2　「男性は次に何と言うでしょうか？」…直前に女性が「どれくらい(時間が)かかりますか？」と尋ねたので，イ「だいたい20分です」が適切。

(3)【日本語訳】参照。No.1　「ケビンのスピーチに使われたのはどれですか？」…アが適切。

No.2　「なぜケビンはこのスピーチをしましたか？」…ウ「クラスメートに図書館に来て，素敵な本を見つけてほしかった」が適切。

【日本語訳】

このグラフを見てください。No.1ア今年の９月，僕たちのクラスは60冊の本を借りました。去年の９月は80冊借りました。みなさんにもっと本を借りてほしかったです。それで，みなさんにお気に入りの本を見せるためにカードを作りました。僕のアイデアを気に入ってくれてカードを作った人もいます。どうもありがとうございました！No.1ア今年の10月は，今年の９月よりも多くの本を借りました。今年の11月は100冊以上の本を借りました。みなさんがより多くの本を借りてく

れたので，僕は今とてもうれしいです。No.2ウ図書館に来て，素敵な本を見つけてください。

(4)【日本語訳】参照。「どのメモが，太郎がテリーに言いたかった情報ですか？」

【日本語訳】

ルーシー：もしもし。

太郎　　：こんにちは，太郎です。テリーと話したいのですが。

ルーシー：こんにちは，太郎。ルーシーです。ごめんなさい，彼は今いません。

太郎　　：明日の有紀の誕生日パーティーのメッセージを残してもいい？

ルーシー：いいですよ。

太郎　　：ァ僕らは午後３時にパーティーを始めたかったけど，彼女はその時間にピアノのレッスンがあるので，午後４時にパーティーを始める予定だよ。

ルーシー：わかりました。

太郎　　：ァテリーに午後２時に僕の家に来るように頼んでよ。パーティーの前に一緒に食べ物やジュースを買いに行きたいんだ。ァカードゲームも持ってきてほしいよ。パーティーでやるんだ。

ルーシー：わかりました。

太郎　　：それだけだよ，ありがとう。

ルーシー：どういたしまして。さようなら。

太郎　　：さようなら。

過去問題C①

解答例

【Part A】 1. ア　　2. ア　　3. ウ
　　　　　4. イ　　5. エ

【Part B】 6. (1)イ　(2)イ

【Part C】 (例文)

　Tom thinks the new kind of tour is not good because visitors have some bad influences on nature. Some visitors may leave trash or hurt nature.

　He thinks the new kind of tour is good because people can have an important experience. Having experiences may change people's thoughts and actions. Some people may begin to try to protect nature.

　He thinks the new kind of tour is good because the local people may get a job, for example, a job as a guide by such tours.

解説

【Part A】

会話の流れと状況を把握し，音声に登場する人物の考えや状況を的確に聞き取ろう。先に選択肢に目を通して，質問を予想しておくとよい。

1　質問「マイクは何を意図していますか？」…アン「このかばんを見て，マイク。来週の旅行に，もっと大きなかばんが必要かしら？」→マイク「この大きさで十分だと思うよ，アン」より，ア「アンのかばんよりも大きなかばんは必要ではない」が適切。

2　質問「アンは何を意図していますか？」…アン「新しいラケットを買ったのね，マイク。私のものに似てるわね」→マイク「実は全く同じものを買ったんだ，アン。君のように上手になりたくて」→アン「ほめてくれてありがとう。でもそういうラケットがあろうがなかろうが，あなたはすぐに優秀なプレーヤーになるわよ」より，ア「マイクはラケットがどんなものであっても優秀なプレーヤーになるだろう」が適切。

3　質問「アンは何を意図していますか？」…アン「マイク，文化祭の演目のアイデアが浮かんだの。この計画を見て。どう思う？」→マイク「いいじゃないか，アン！それをやろう。他のメンバーも賛成すると思うな。そしてたくさんの人がこれを楽しむと思うよ。最後にやらなければならないのは，練習

に適した場所を見つけることだね」→アン「そうね。でもそれは簡単にはいかなそうね」より，ウ「アンは，演目の練習に適した場所を探すことが問題になりそうだと考えている」が適切。

4　質問「マイクがアンの携帯電話に残したメッセージはどれですか？」…アン「マイク！あなたは遅刻よ！30分も待ったのよ。コンサートはもう始まってしまったわ」→マイク「アン，ごめん。会場の外で君を待たせたくなかったから携帯電話にメッセージを残したよ。僕が着く前に他のみんなと会場に入っていてと言ったよ」→アン「そうなの？今日はそれを聞いている暇がなかったわ。それに，携帯電話は家に置いてきちゃったの。ごめんなさい」より，イ「遅れそうなんだ。僕を待たず，他のみんなと会場に入っていてね」が適切。

5　質問「アンはなぜ妹にメールを送りますか？」…マイク「アン，今度の土曜日は時間がある？弟とテニスをするよ。参加できる？」→アン「ごめん，マイク。妹と映画を見るの」→マイク「そうなの？映画は日曜日や他の日にも見れるよ」→アン「わかってるけど，お気に入りの俳優の最新作だから本当に早く見たいし，妹と約束してるし」→マイク「わかるけどできたら予定を変更してくれない？君はテニスが上手だし，僕は日曜日にテニスの試合があるから，君に指導してほしいんだ。お願い」→アン「どうしたらいいの？じゃあ，妹に頼んでみる」→マイク「ありがとう，アン」→アン「でも，マイク，まだ『yes』とは言ってないからね。妹から返事が来るまで待ってちょうだい。妹にメールしてみるわ」→マイク「わかった」より，エ「妹に，予定を変更し映画は日曜日か他の日に見るよう頼むため」が適切。

【Part B】 【日本語訳】参照。

6(1)　質問「150という数は何を表していますか？」…イ「今日売られるおもちゃの数」が適切。

(2)　質問「この番組で言われたことについて，正しい文はどれですか？」…イ「このおもちゃは大変賢く，人がそれに向けて何かを言うと文を話したり体を動かしたりする」が適切。ア「このおもちゃは大変賢いが，×人の言葉を聞いて，聞いたのと同じ言葉を言うことしかできない」　ウ「このおもちゃはとても小さく軽い上，あまり電気が必要ないが，×動き続けるには8時間ごとの充電が必要である」　エ「このおもちゃは電話とインターネットを介して販売され，×価格は買い物方法によって異なる」

【日本語訳】

みなさま，こんにちは。ラジオショッピングの時間になりました。本日みなさまのためにご用意したかわいく小さなものは，犬です。でも本物の犬ではありま

せん。子犬に見えますが，電気を使うおもちゃです。約 50 の行動を取ることができます。例えば，耳を動かします。さらに，この犬はとても賢いです。人が話す 100 の文を理解することができます。そして，自分の知っている 50 の文で人に答えることができるのです。(2)イ例えば，もしあなたが「ご機嫌いかが？」と言い，あなたの言葉を理解すれば「元気ですよ，ありがとう」と言うことでしょう。もしあなたの言葉で困惑しても，さまざまなやり方で体を動かして，あなたのことをちゃんと聞いていることを示します。15 の歌を歌うこともできます。この犬は，特に，ペットを飼いたいものの何らかの理由で飼えないという人にぴったりです。もしよろしければ，インターネットでどんなにかわいいか見てください。きっと大好きになりますよ。さて，もう少し説明しましょう。まず，これは世話をする必要がありません。例えば，散歩に連れていく必要がありません。次に，これはとても小さくて軽いので，電気をあまり使いません。あなたが眠っている 8 時間の間に充電すれば，約 16 時間動き続けることができます。さて，そのお値段ですが，驚くなかれ，たったの 100 ドルです。これは今日だけの特別価格です。明日以降は 120 ドルになります。(1)イ本日お売りできるおもちゃはたったの 150 体です。ですから，お急ぎください。今すぐ 555-632 に電話してください。ご注文はインターネットでも受け付けております。どうぞこの機会をお見逃しなく。

【Part C】【日本語訳】参照。

質問「トムは新しい種類のツアーについてどう考えていますか？それについての彼の意見を英語で説明しなさい」…設問の指示にあった解答をすること。文法やつづりのミスがない文にすること。（例文）「トムは新しい種類のツアーは良くないと考えています。なぜなら，旅行者が自然に悪い影響を及ぼしているからです。一部の旅行者はごみを置きっぱなしにしたり，自然を傷つけたりするかもしれません。彼は新しい種類のツアーは良いと考えています。なぜなら，人々が大切な経験をすることができるからです。経験をすることは人々の考えや行動を変えるかもしれません。自然を守ろうとする人が出始めるかもしれません。彼は新しい種類のツアーは良いと考えています。なぜなら，このツアーによって地元の人がガイドのような仕事を得られるからです」

【日本語訳】

トム　：ヨウコ，新しい種類のツアーについての文章を読んだ？

ヨウコ：ええ，読んだわ，トム。私は新しい種類のツアーにとても興味があるの。私は自然が好きだけど，世界には自然が悪い方向に変化して

いる場所があると聞いたわ。だから将来私はこういうツアーに参加して，自然を守るためにできることを学びたいの。新しい種類のツアーについてどう思う？

トム　：それはとても難しい問題だね。だって僕も君と同じように自然が好きだよ。だから新しい種類のツアーにはいくつかの良い点があると思うんだ。でもそれにはひとつ悪い点があると思うな。

ヨウコ：それは何？

トム　：旅行者が自然に悪い影響を与えるのさ。旅行者の中にはごみを置きっぱなしにしたり，自然を傷つけたりする人がいるんだ。だから，その点では新しい種類のツアーは良いとは思わない。

ヨウコ：それはそうね。環境に全く影響を与えないというのは不可能だわ。でも，それでも私は新しい種類のツアーはいいことだと思うの。だってただその場所に行くだけで学べることがあるのよ。本やインターネットで学ぶことは大切だけど，私は，実体験するということもとても大切だと思うの。

トム　：そこは賛成だよ。僕は新しい種類のツアーは良いと思う。人々は大切な経験ができるものね。経験することが人々の考えや行動を変えるかもしれないよね。それに，自然を守ろうとする人も出始めるかもしれないね。

ヨウコ：そうよ。私は，新しい種類のツアーにすでに参加した人を知っているわ。みんな素晴らしい経験をしたと言っていたわ。

トム　：新しい種類のツアーは他にもいい点があるよ。地元の人にとっていい場合があるんだ。

ヨウコ：どういうこと？

トム　：こういうツアーで，地元の人は仕事を得ることができるかもしれないんだよ。例えばガイドの仕事とか。

ヨウコ：そうね。地元の人は，働き方について選択肢が広がるかもしれないわね。

トム　：でも僕は自分の最初の意見はまだ正しいと思っているよ。

ヨウコ：そこは私も賛成だわ。旅行者の数が増えたらその状況は環境に良くないもの。だからこれはとても難しいわね。私たちには，簡単に新しい種類のツアーがいいとか悪いとか言えないわ。物事は多くのさまざまな観点から考えることがとても大事なんだと思うわ。

過去問題C②

解答例

【Part A】　1．ア　　2．エ　　3．ウ

　　　　　　4．イ　　5．エ

【Part B】　⑴ウ　　⑵イ

【Part C】　（例文）Ben thinks that showing a nice image of a thing in Way B is useful to make differences among things that don't actually have big differences.　He thinks telling that something is very useful and convenient in Way A is better to get the attention of people who already have a clear purpose for using it.　He thinks that the choice between Way A and Way B by companies depends on the people who will most probably buy their things.

解説

【Part A】

会話の流れと状況を把握し，音声に登場する人物が考えていることや状態を的確に聞き取ろう。先に選択肢に目を通して，質問を予想しておくとよい。

1　質問「男性は何を意図していますか？」…女性「来月，大勢の人の前で，私は良いスピーチができると思いますか？」→男性「それはあなたの努力によります」より，ア「彼は彼女が努力するならそれができると思っている」が適切。　・depend on ～「～による」　・make an effort「努力する」

2　質問「女性は何を意図していますか？」…男性「君はあのピアニストが好きだそうだね」→女性「ええ，彼女は素晴らしいピアニストなのよ。それにボランティアとして様々な活動をしているのよ。彼女に対する尊敬の念を表す方法がわからないわ」より，エ「彼女はそのピアニストのことをとても尊敬している」が適切。

3　質問「女性は何を意図していますか？」…男性「僕のクラスでは，音楽祭で歌う歌について，意見の相違が多くて，まだ歌が決まらないんだよ。僕はどうすればいいのか，わからないよ」→女性「そうね，クラスメートともっと話し合いをしない限り，その問題を解決することはできないでしょうね」より，ウ「彼女は，その問題を解決するために，彼がもっとクラスメートと話すべきだと考えている」が適切。　・without ～ing「～しないで」

4　質問「女性は何を意図していますか？」…女性の2回目の発言「姉が言うには，そのレストランは様々な種類のカレーを出すそうよ」→男性の2回目の発言「僕はどのカレーにするべきなのかな？選ぶ

のが難しいね」→女性の3回目の発言「そうね，私にとっても難しいわ」より，イ「彼女は，そのレストランで食べるカレーを決めるのは，自分にとっても，男性にとっても難しいと思っている」が適切。

5　質問「男性は何を意図していますか？」…男性の3回目の発言「僕にも（コンサートのチケットを手に入れる）チャンスがあると思う？」→女性の最後の発言「ええ。急ぎなさいよ。インターネットでチケットに関する情報がわかるわ。やってみなければわからないわよ」→男性の最後の発言「君の言うこともわかるけど，やっぱりチケットは無理だと思うよ」より，エ「彼は，女性が自分にやってみるよう言うけれども，チケットを手に入れるには遅すぎると思っている」が適切。

【Part B】　【日本語訳】参照。

6⑴　質問「ヘルプを求める人が押した最後の番号は何ですか？」…最後の段落から，ウ「2」が適切。

⑵　質問「このメッセージの電話番号案内について，正しい文はどれですか？」…ア「その会社の新製品のパソコン購入に関心があるなら，×4番を押すべきである」　イ〇「古いパソコンのリサイクル方法や，販売方法を知りたいなら，5番を押すべきである」　ウ「音声ガイダンスによるメッセージを×全部聞き終わるまでは，どの番号も押すことができない」エ×「ヘルプを早く求めるなら，番号を押すことができて，後にオペレーターが電話をしてくる」…本文にない内容。

【日本語訳】

パートBを見てください。このリスニングテストでは，ある人がある会社に電話をします。みなさんは音声ガイダンスの音やメッセージを2回聞きます。2回聞いた後，質問を2つします。質問はそれぞれ1回だけ読まれます。みなさんはその解答を選ばなければなりません。では，始めます。

こんにちは。弊社へのお電話をありがとうございます。このメッセージは音声ガイダンスです。あとの選択肢をお聞きになり，お客様が必要とするヘルプの内容の番号を押してください。その後オペレーターが対応いたします。なお，番号は音声の途中でも押すことができます。

パソコンの購入をご希望の場合，または弊社の新製品のパソコンについてのお問い合わせは，1を押してください。⑴ウお買い上げのパソコンが故障した場合や修理が必要な場合は，2を押してください。パソコンからインターネットへの接続でお困りの場合は，3を押してください。お買い上げのパソコンの使用方法に関するご質問は，4を押してください。⑵イその他のご質問や問題点に関しては，5を押してください。もう一度このメッセージを聞きたい場合は，0を押してください。ご不便をおかけしますが，オペレーターが対応するまでしばらくお時間がかかります。その場合は，お待ちいた

だくか，後ほどおかけ直しください。メッセージは以上です。それではご希望の番号を押してください。

　パソコンの購入をご希望の場合，または弊社の新製品のパソコンについてのお問い合わせは，１を押してください。お買い上げのパソコンが故障した場合や修理が必要な場合は，２を押してください。パソコンからインターネットへの接続でお困りの場合は…

⑴ウもしもし，お電話ありがとうございます。お客様のパソコンは修理が必要だということで承っております。問題点についてお聞かせ願えますか？

【Part C】　【日本語訳】参照。

「問題の宣伝」　「テレビで見る宣伝では，人々の注意を引きつける様々な方法が使われています。その１つは，商品の機能を強調することです。もう１つは，製品と良いイメージを結びつけることです。この文では，この２つの方法を，方法Ａと方法Ｂと呼んでいます。機能を強調するのは方法Ａ，良いイメージと結びつけるのは方法Ｂと呼びます」　質問「ベンは方法Ａと方法Ｂについてどう思っていますか？彼の意見を英語で書きなさい」…長い会話を正確に聞き取り，的確に質問に答える英文を６分で書くには相当な練習が必要である。ベンの４回目の発言の２文目，５回目の発言，７回目の発言の２文目を聞き取り，その内容を英文にする。（例文）「ベンは方法Ｂで製品の良いイメージを見せることは，大きな差がないものを差別化するのに有効だと考えています。彼は，すでに使う目的が明確である人々の注意を引くには，役に立つことや便利なことを伝える方法Ａの方が良いと考えています。会社が方法Ａと方法Ｂのどちらを選択するかは，その会社の商品を十中八九購入する人によるところが大きいと，彼は考えています」

【日本語訳】

　パートＣのテスト用紙を見てください。まず，商品を売るために人々の注意を引く方法に関する文章を読んでください。１分間です。では，読んでください。

［１分間読む］

　読むのをやめてください。今からベンとマキが会話をします。彼らは，商品を売るために人々の注意を引く方法について話しています。会話と質問は２回流れます。みなさんは，聞いている間，テスト用紙に，商品を売るために人々の注意を引く方法について２人が言っていることについて，メモをとってもかまいません。それでは，会話を聞いてください。

ベン：マキ，商品を売るために人々の注意を引く２つの方法に関する文章を読んだかい？

マキ：ええ，読んだわ，ベン。興味深いわね。

ベン：実は，これに書かれている２つの方法はよく使われているんだよ。

マキ：例えば？

ベン：テレビでは，家の掃除をする物がたくさん紹介されているだろ。家をきれいにするのにとても役に立って便利だと紹介される物もあれば，有名な俳優や歌手を使ってその商品の印象を良くして紹介している物もある。君は買う物を選ぶとき，どちらの方法がいいと思う？

マキ：話してくれた２つ目の例を方法Ｂとすると，家をきれいにするために商品を選ぶなら，私は方法Ｂがいいと思うわ。家をきれいにする商品に，大して差はないと思うの。だから，商品の印象がより良い方が私は惹かれるわ。

ベン：なるほど。大して差がない商品を差別化するには，方法Ｂで商品の良いイメージを見せることが効果的だと思うよ。

マキ：私もそう思うわ。

ベン：でもね，その商品が本当に役に立って便利なものだと伝える方法Ａは，それを使うはっきりとした目的がある人の注意を引くにはより良いと思うよ。

マキ：そうね。あ，思い出したわ。私の姉と兄がテレビで紹介されていた車について話していたの。テレビでは，様々なやり方で多くの種類の車を紹介するでしょ。

ベン：うん，たくさんいい例があるね。

マキ：そうなの。安全に運転できる特別装置がついた車は，方法Ａで紹介されていることが多いわ。これは，うちの姉のように，より安全な車を買いたいって思っている人たちの注意を引くわよね。他には，背景に美しい景色を使って紹介している車があったわ。これは方法Ｂよね。これを見た人は，この車を乗る人のかっこいいライフスタイルを感じるかもしれないわね。だからこのやり方は，私の兄のように，かっこよく暮らしたい人の注意を引くのに役立つわ。企業は常に商品を買うかもしれない人のことを考えているのね。

ベン：そうだね。企業が方法Ａと方法Ｂのどちらを選ぶかは，十中八九その商品を購入する人次第だと思うな。

マキ：その通りね。テレビでどのように商品が紹介されているのかを知ることが必要だと思うわ。

実践問題③

解答例

A. No. 1. a. 誤　b. 誤　c. 正
　　No. 2. a. 誤　b. 正　c. 誤
B. No. 1. ウ　No. 2. イ
C. Part 1…ア. sister　イ. magazines　ウ. festival
　　Part 2…No. 1. ア　No. 2. イ
No. 3. (例文) I will take her to temples and shrines because I want her to become interested in traditional Japanese buildings.

解説

A　No. 1　質問「タカシは次に何と言うでしょうか？」…最後にAが「あなたたちはどれくらいの間知り合いなの？」と期間を尋ねたから，c「約10年間だよ」が適切。

No. 2　質問「今日の天気はどうですか？」…Bが1回目の発言で「今日は曇りだね」と言ったから，b「曇りです」が適切。

B　No. 1　質問「女性は何を購入するでしょうか？」…A「フライドチキン2ピースとサラダをください」→B「お飲み物はいかがですか？」→A「リンゴジュースはありますか？」→B「はい」→A「それをください」→B「合計8ドルになります」の流れより，ウが適切。

No. 2　質問「会話後の，マークの今週の予定はどれですか？」…A「マーク，今週私と図書館に勉強しに行かない？」→B「やあ，エミ。ええと，月曜日，水曜日，金曜日はバスケットボールの練習があるよ。火曜日はどう？」→A「ごめん。火曜日はピアノのレッスンがあるの」→B「そうか，じゃあ…木曜日の放課後は時間があるよ」→A「ありがとう。そのとき図書館で会いましょう」の流れより，イが適切。

C　Part 1　【Part 1　放送文の要約】参照。

【Part 1　放送文の要約】

みなさん，こんにちは。今日は私たちの市内を巡るツアーの計画を立てます。

ア今年の夏，妹（＝sister）のジェニーが訪ねてきて日本に2週間滞在します。彼女は最初の1週間を私たちの街で過ごすことを計画しており，毎日さまざまなことをやってみたいと思っています。

まず，妹のことをお話しします。彼女は大学生で，日本のポップカルチャーと音楽に興味があります。イ彼女は日本の雑誌（＝magazines）を読むのが好きで，アニメの大ファンです。彼女はまた，ピアノ，ギター，ドラムなどの楽器を演奏するのが好きです。彼女は日本滞在中にいくつか

の和楽器を試してみたいと思っています。

それでは，私の計画についてお話しします。初日は，彼女に昔ながらの日本の文化を楽しんでもらいたいので，日本の伝統を紹介しようと思います。ゥ彼女を夏祭り（＝festival）に連れて行きます。彼女は文化の違いを体験することに興奮するでしょう。2日目は，彼女を私たちの街で最大の本屋に連れて行きます。彼女はそこを気に入り，何時間も滞在したいと思うはずです。

私の計画についてどう思いますか？あなたの隣の人とペアを組んで，私の計画をより良いものにしてください。10分あげます。はじめましょう。

Part 2　【Part 2　放送文の要約】参照。

No. 1　質問「夏祭りでジェニーを喜ばせるための，広美のアイデアとは何ですか？」…ア「彼女は，ジェニーが夏祭りで浴衣を着るといいと思っています」が適切。

No. 2　質問「誰がジェニーに和太鼓の演奏方法を教えるでしょうか？」…イ「大樹の祖父です」

No. 3　質問「もしブラウン先生があなたに3日目の計画を立てるよう頼んだら，あなたは彼女をどこに連れて行きますか？そして，なぜ彼女をそこに連れて行くのですか？」…(例文の訳)「私は彼女をお寺や神社に連れて行きます。なぜなら，彼女に日本の伝統的な建造物に関心を持ってもらいたいからです」

【Part 2　放送文の要約】

大樹：やあ，広美！ジェニーのために，最善を尽くして良い計画を立てよう。ブラウン先生の計画についてどう思う？

広美：No. 1アそうね，夏祭りはワクワクするイベントだわ。また，浴衣を着て楽しむこともできるわね。私は着付けの方法を知っているから，彼女を手伝うわ。彼女は浴衣が似合うと思うの。気に入ってくれるといいわね。

大樹：彼女が楽器に興味を持っていることを覚えている？夏祭りでは和太鼓チームによる演奏があるそうだよ。

広美：本当に？ブラウン先生はそれを聞いたら喜ぶわね。

大樹：僕は彼女に和太鼓を体験し，それらの演奏方法を学ぶ機会を作るつもりなんだ。僕の祖父は伝統的な和太鼓の先生なんだよ。祖父は毎週末，子どもたちに伝統的な和太鼓を教えているんだ。

広美：それは素晴らしいわ。No. 2イ彼女に演奏方法を教えてくれるよう，おじいさんに頼んでもらえる？

大樹：No. 2イもちろんだよ。僕たちの計画で彼女はきっと喜んでくれるよ。

広美：クラスメートに私たちの考えを伝えたほうがいいわね。

実践問題④

〔問題A〕 ＜対話文１＞ア　＜対話文２＞エ
　　　　　＜対話文３＞ウ

〔問題B〕 ＜Question１＞イ

＜Question２＞To tell her about their school.

解　説

〔問題A〕

＜対話文１＞　質問「ユミとデイビッドはどこで話しているのですか？」…ユミの１回目の発言「私たちはこの建物の最上階にいるわ」より，アが適切。

＜対話文２＞　質問「なぜジェーンは図書館に行くのですか？」…タロウの２回目の発言「それじゃあ，図書館に行くよ」，ジェーンの２回目の発言「あとで行って手伝うわ」より，エが適切。

＜対話文３＞　質問「女性はいつ電車に乗りますか？」…女性の２回目の発言「私の母はまだ来ていません。彼女は 11 時 20 分頃にここに着くと思います」→男性の２回目の発言「わかりました。それなら，11 時 30 分に発車する電車に乗ることができます」→女性の３回目の発言「ありがとうございます。それに乗ります」の流れより，ウが適切。

〔問題B〕

【放送文の要約】参照。

＜Question１＞　質問「グリーン先生は日本でどれくらい英語を教えてきましたか？」

＜Question２＞　質問「グリーン先生は生徒に何をしてほしいですか？」…グリーン先生は生徒たちの学校について教えてほしいので，To tell her about their school.「彼女に彼らの学校について教えること」が適切。

【放送文の要約】

おはようございます，みなさん。私の名前はマーガレット・グリーンです。私はオーストラリアから来ました。オーストラリアはとても大きな国です。行ったことがありますか？毎年多くの日本人が私の国を訪れます。日本に来る前，私は中国で５年間英語を教えていました。私はそこで楽しい時間を過ごしました。

私は日本に６年間住んでいます。私は日本に来てから１年間，日本中を旅するのを楽しみました。多くの

有名な場所を訪れました。それから２年間，日本語を勉強するために学校に通いました。₁ᵢ私は３年間英語を教えています。この学校は，日本で英語教師として２番目の学校です。₂みなさんの学校について教えてください。それについて知りたいです。この学校の先生になれてよかったです。ありがとうございました。

高校入試対策

英語リスニング
練習問題

解 答 集

contents

※問題は別冊です

入試本番に向けて

入試本番までにしておくこと

入試本番までに志望校の過去問を使って出題パターンを把握しておこう。英語リスニング問題は学校ごとに出題傾向があります。受験する学校の出題パターンに慣れておくことが重要です。

リスニング開始直前のチェックポイント

音声が流れるまでに問題文全体にざっと目を通そう。それぞれの問題で話題となる場面や登場人物をチェックしておこう。

✅ イラストを check！

英語リスニング問題ではイラストやグラフが使われることが多くあります。イラストなら**共通点と相違点を見つけ**て、放送される事がらを予想しておこう。グラフなら**たて軸とよこ軸が何を表しているか**を見ておこう。

✅ 選択肢を check！

英文を選ぶ問題では、選択肢の登場人物，場所，日時などを事前に見つけ出して○やアンダーラインなどの"しるし"をつけておこう。また，選択肢の共通点と相違点を見つけて質問を予想しておこう。

✅ 数字表現を check！

英語リスニング問題で必ず出題されるのが数字表現です。問題に数を表したイラストや時間を表す単語などがあるときは，数字を意識して解く問題だと予想しておこう。あらかじめ，問題文の英単語を数字に置きかえてメモしておく（fifteen → 15）とよい。

リスニング本番中の心構え

✅ メモにとらわれない！

英語リスニング問題ではほとんどの場合，「放送中にメモを取ってもかまいません。」という案内があります。特に，長文を聴き取らなくてはならないときはメモは不可欠です。ただし，メモを取るときに注意すべきことがあります。それは，**メモを取ることに集中しすぎて音声を聴き逃さない**ことです。○やアンダーラインなど自分がわかる"しるし"をうまく活用して，「聴く」ことから気をそらさないようにしよう。

✅ 2回目は聴き方を変える！

放送文が1回しか読まれない入試問題もありますが，多くの場合は質問も含めて2回繰り返して読まれます。2回繰り返して読まれるときは，1回目と2回目で聴き方を変えます。1回目は状況や場面を意識し，（質問が先に放送される場合は，）2回目は質問に合う答えを出すことを意識しよう。1回目で答えがわかったときは，2回目は聴き違いがないか消去法を使って確実に聴き取ろう。

この解答集の特長と使い方

問題を解き終えたら，基本問題集（別冊）P1 ～ P2 の手順で答え合わせと復習をしよう。
解答集の左側のページにある QR コードを読み取ると，そのページの**さらに詳しい解説**を見ることができます。

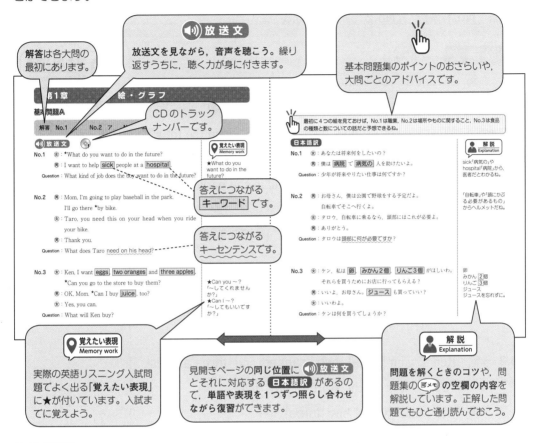

- **放送文** — 放送文を見ながら，音声を聴こう。繰り返すうちに，聴く力が身に付きます。
- 解答は各大問の最初にあります。
- CD のトラックナンバーです。
- 基本問題集のポイントのおさらいや，大問ごとのアドバイスです。
- 答えにつながる **キーワード** です。
- 答えにつながるキーセンテンスです。

覚えたい表現 Memory work
実際の英語リスニング入試問題でよく出る「**覚えたい表現**」に★が付いています。入試までに覚えよう。

見開きページの同じ位置に **放送文** とそれに対応する **日本語訳** があるので，**単語や表現を1つずつ照らし合わせながら復習ができます。**

解説 Explanation
問題を解くときのコツや，問題集の メモ の空欄の内容を解説しています。正解した問題もひと通り読んでおこう。

覚えたい表現 Memory work　まとめ　（P37 ～ 38）

「**覚えたい表現**」をおさらいしておこう。
このページの QR コードを読み取ると，グループ分けした「**覚えたい表現**」を見ることができます。

聞き違いをしやすい表現 Easy to mistake　（P39）

「**聞き違いをしやすい表現**」を知っておこう。
このページの音声はＣＤや教英出版ウェブサイトで聴くことができます。

もっと リスニング力 をつけるには

音声に合わせてシャドーイング（発音）してみよう！
正しい発音ができるようになると聴く力もぐんと上がります。まずは自分のペースで放送文を声に出して読んでみよう。次に音声に合わせて発音していこう。最初は聴こえたまま声に出し，慣れてきたら正しい発音を意識しよう。繰り返すうちに，おのずと正しい発音を聴き取る耳が鍛えられます。

音声を聴きながらディクテーション（書き取り）してみよう！
聴こえた英文を書き取る練習をしよう。何度も聴いて文が完成するまでトライしよう。聴き取れなかった単語や文がはっきりするので，弱点の克服につながります。また，英語を書く力も鍛えられます。

第1章　　　　　　絵・グラフ

基本問題A

解答　No.1　イ　　No.2　ア　　No.3　エ

No.1　女：★What do you want to do in the future?

　　　男：I want to help [sick] people at a [hospital].

　Question：What kind of job does the boy want to do in the future?

No.2　男：Mom, I'm going to play baseball in the park.

　　　　　I'll go there ★by bike.

　　　女：Taro, you need this on your head when you ride

　　　　　your bike.

　　　男：Thank you.

　Question：What does Taro need on his head?

No.3　女：Ken, I want [eggs], [two oranges] and [three apples].

　　　　　★Can you go to the store to buy them?

　　　男：OK, Mom. ★Can I buy [juice], too?

　　　女：Yes, you can.

　Question：What will Ken buy?

覚えたい表現
Memory work

★What do you want to do in the future?
「あなたは将来何をしたいですか?」

★by bike
「自転車で」

★Can you 〜?
「〜してくれませんか?」
★Can I 〜?
「〜してもいいですか?」

基本問題B

解答　No.1　ア　　No.2　イ　　No.3　ア　　No.4　イ

No.1　A man is ★looking at a [clock] on the [wall].

　Question：Which person is the man?

No.2　It was [snowing] this morning, so I couldn't go to school

　　　by bike. I ★had to walk.

　Question：How did the boy go to school this morning?

覚えたい表現
Memory work

★look at 〜
「〜を見る」

★have to 〜
「〜しなければならない」

最初に4つの絵を見ておけば，No.1は職業，No.2は場所やものに関すること，No.3は食品の種類と数についての話だと予想できるね。

日本語訳

No.1 囡：あなたは将来何をしたいの？

囝：僕は 病院 で 病気の 人を助けたいよ。

Question：少年が将来やりたい仕事は何ですか？

解説
Explanation

sick「病気の」や
hospital「病院」から，
医者だとわかるね。

No.2 囝：お母さん，僕は公園で野球をする予定だよ。

自転車でそこへ行くよ。

囡：タロウ，自転車に乗るなら，頭部にはこれが必要よ。

囝：ありがとう。

Question：タロウは頭部に何が必要ですか？

「自転車」や「頭にかぶる必要があるもの」からヘルメットだね。

No.3 囡：ケン，私は 卵 ，みかん2個 ，りんご3個 がほしいわ。

それらを買うためにお店に行ってもらえる？

囝：いいよ，お母さん。ジュース も買っていい？

囡：いいわよ。

Question：ケンは何を買うでしょうか？

卵
みかん 2 個
りんご 3 個
ジュース
ジュースを忘れずに。

4つの絵を見比べて，メモする内容を予想できたかな？ No.1は男性がしていること，No.2は天気と移動手段，No.3は少年の体調，No.4は時刻だね。

日本語訳

解説
Explanation

No.1 男性が 壁 の 時計 を見ています。

Question：その男性はどの人ですか？

clock「掛け時計／置き時計」より，アだね。

No.2 今朝は 雪が降って いたので，私は学校に自転車で行けませんでした。私は歩かなければなりませんでした。

Question：その少年は今朝，どうやって学校へ行きましたか？

"snowing"，"walk"が聞き取れれば，イとわかるね。

No.3　㊛：★What's the matter?
㊚：Well, I've had a stomachache since this morning.
I didn't have it ★last night.
㊛：That's too bad. Are you all right?
Question：When did the boy have a stomachache?

覚えたい表現 Memory work
★What's the matter?「どうしたの？」
★last night「昨夜」

No.4　㊛：Good morning, Kanta. Did you sleep well last night?
㊚：Yes, Judy. I ★went to bed at eleven last night and ★got up at seven this morning.
㊛：Good. I could only sleep ★for six hours.
Question：What time did Kanta get up this morning?

★go to bed「寝る」
★get up「起きる」
★for ～（期間を表す言葉）「～の間」

練習問題A

解答　No.1　ア　No.2　エ　No.3　ア　No.4　ウ

放送文　3

No.1　㊛：Ah, I hope it will ★stop raining soon.
㊚：It was sunny yesterday.
㊛：Yes. But the TV says we will have snow this afternoon.
㊚：Really? ★How about tomorrow?
㊛：It will be cloudy.
Question：How will the weather be tomorrow?

覚えたい表現 Memory work
★stop ～ing「～することをやめる」
★How about ～？「～はどうですか？」

No.2　㊚：★Thank you for giving me a birthday present, Mary.
I like the bag very much.
㊛：I'm happy you like it, Kenta.
Oh, you're wearing a nice T-shirt today.
㊚：This is a birthday present from my sister.
And my mother made a birthday cake ★for me.
㊛：Great. But you wanted a computer, right?
㊚：Yes, I got one from my father!
Question：What did Kenta get from his father?

★Thank you for ～ing.「～してくれてありがとう」
★for ～（対象を表す言葉）「～のために」

No.3　⼥：どうしたの？

　　　男：うーん，今朝からずっとお腹が痛いんです。
　　　　　昨夜は痛くなかったのですが。

　　　⼥：それは大変ね。大丈夫？

　　　Question：少年はいつお腹が痛かったですか？

解 説
Explanation

昨夜
お腹が痛くない。
今朝
お腹が痛い。

No.4　⼥：おはよう，カンタ。昨夜はよく眠れた？

　　　男：うん，ジュディ。昨夜は11時に寝て，今朝は７時に起きたよ。

　　　⼥：いいね。私は６時間しか眠れなかったわ。

　　　Question：カンタは今朝何時に起きましたか？

質問に
this morning「今朝」
とあるから起きた時
刻の午前７時だね。

No.1は天気，No.2は誕生日プレゼント，No.3は時刻，No.4はクラスのアンケート結果について
メモしよう。No.3は計算が必要だね。

日本語訳

No.1　⼥：ああ，すぐに雨が止んでほしいわ。

　　　男：昨日は晴れていたのに。

　　　⼥：ええ。でもテレビによると，今日の午後は雪らしいわ。

　　　男：本当に？明日はどう？

　　　⼥：くもりらしいわ。

　　　Question：明日の天気はどうですか？

解 説
Explanation

昨日：晴れ
現在：雨
今日午後：雪
明日：くもり
質問はtomorrow
「明日」だからくもり
だね。

No.2　男：誕生日プレゼントをありがとう，メアリー。
　　　　　バッグをとても気に入ったよ。

　　　⼥：気に入ってくれてよかったわ，ケンタ。
　　　　　あら，今日は素敵なTシャツを着ているわね。

　　　男：これは姉（妹）からの誕生日プレゼントなんだ。
　　　　　母も僕のために誕生日ケーキを作ってくれたんだ。

　　　⼥：すてき。でもあなたはパソコンがほしかったんでしょ？

　　　男：そうだよ，父からもらったよ！

　　　Question：ケンタは父から何をもらいましたか？

メアリー：バッグ
姉（妹）：Tシャツ
母：誕生日ケーキ
父：パソコン
質問はfather「父」か
らもらったものだか
ら，パソコンだね。

No.3　⬚女⬚：The movie will start at 11:00.

★What time shall we meet tomorrow, Daiki?

⬚男⬚：How about meeting at the station at 10:30, Nancy?

⬚女⬚：Well, I want to go to a bookstore with you before the movie starts. Can we meet earlier?

⬚男⬚：All right. Let's meet at the station fifty minutes before the movie starts.

⬚女⬚：OK. See you tomorrow!

Question：What time will Daiki and Nancy meet at the station?

> **覚えたい表現**
> **Memory work**
>
> ★What time shall we meet?
> 「何時に待ち合わせようか？」

No.4　⬚女⬚：Tsubasa, look at this!

We can see the most popular sports in each class.

⬚男⬚：Soccer is ★the most popular in my class, Mary.

⬚女⬚：Soccer is popular in my class, too. But volleyball is more popular.

⬚男⬚：I see. And many of my classmates want to play softball. I want to try it, too!

⬚女⬚：Really? ★No students in my class want to play softball.

Question：Which is Mary's class?

> ★the＋最上級＋in＋○○
> 「○○の中で最も…」

> ★no＋人
> 「(人)が1人もいない」

練習問題B

解答	No.1 ア	No.2 ウ	No.3 ア	No.4 ウ

No.1　⬚女⬚：Kota, what a nice room!

⬚男⬚：Thank you! Do you know what this is, Judy?

⬚女⬚：No. ★I've never seen it before. Is it a table?

⬚男⬚：Yes, but this is not just a table.

This also ★keeps us warm in winter.

Question：What are they talking about?

> **覚えたい表現**
> **Memory work**
>
> ★I've never ～ .
> 「私は一度も～したことがない」
>
> ★keep＋人／もの＋状態「(人／もの)を(状態)に保つ」

No.3 （女）：映画は11時に始まるわ。

明日は何時に待ち合わせようか，ダイキ？

（男）：10時半に駅で待ち合わせるのはどう，ナンシー？

（女）：そうねぇ，私は映画が始まる前にあなたと書店に行きたいわ。
もっと早く待ち合わせできる？

（男）：いいよ。映画が始まる50分前に駅で会おう。

（女）：わかったわ。また明日ね！

Question：ダイキとナンシーは何時に駅で待ち合わせますか？

解説
Explanation

11時に映画が始まる。
その50分前に待ち合
わせするから，**ア**の「10
時10分」だね。fifty
「50」は前にアクセン
ト，fifteen「15」は後
ろにアクセントがあ
るよ。

No.4 （女）：ツバサ，これを見て！

それぞれのクラスで1番人気のあるスポーツがわかるわ。

（男）：僕のクラスではサッカーが1番人気だね，メアリー。

（女）：サッカーは私のクラスでも人気よ。
でも，バレーボールの方がもっと人気だわ。

（男）：そうだね。それから，僕のクラスメートの多くはソフトボー
ルをやりたいようだよ。僕もやってみたいな！

（女）：本当？私のクラスではソフトボールをやりたい生徒はいな
いわ。

Question：メアリーのクラスはどれですか？

ツバサのクラス：
サッカーが1位
ソフトボールが人気

メアリーのクラス：
サッカーよりバレー
ボールが人気
ソフトボールが0人

グラフの問題の音声を聞くときは，1番多い（少ない）もの，増加，減少などをメモしよう。
消去法も有効だよ。

日本語訳

No.1 （女）：コウタ，何て素敵な部屋なの！

（男）：ありがとう！これは何か知ってる，ジュディ？

（女）：いいえ。一度も見たことがないわ。テーブルかしら？

（男）：そうだよ，でもこれはただのテーブルではないんだ。
これは冬に僕らを温めてもくれるんだ。

Question：彼らは何について話していますか？

解説
Explanation

ただのテーブルでは
なく，温めてくれる
もの→「こたつ」だね。

No.2　男：Kate, this is a picture of our music band.

We played some songs at the ★school festival this year.

It was a wonderful time for us!

女：You ★look excited, Hiroshi.

Who is the student playing the guitar ★next to you?

男：He is Ryosuke. He plays the guitar well, and the other student playing the guitar is Taro.

女：I see. The student playing the drums is Takuya, right?

★I hear he ★is good at singing, too.

Question：Which boy is Hiroshi?

★school festival
「学園祭」
★look ～
「～のように見える」
★next to ～
「～のとなりに」

★I hear (that) ～.
「～だそうだ」
★be good at ～ ing
「～することが得意だ」

No.3　It was interesting to know what activity you enjoyed the best in my English class.

I ★was glad to know that ★over ten students chose ★making speeches. Eight students chose reading stories, and ★the same number of students chose writing diaries.

Maybe you can guess the most popular activity among you. It was listening to English songs.

I hope you will ★keep enjoying English.

Question：Which graph is the speaker explaining?

★be glad to ～
「～してうれしい」
★over ～「～以上」
★make a speech
「スピーチをする」
★the number of ～
「～の数」

★keep ～ ing
「～し続ける」

No.4　Look at the graph.

This is a graph of the number of visitors to the art museum which was built in 2014 in our city.

The number kept ★going up until 2016.

But the next year, it ★went down 20%.

The numbers in 2017 and 2018 were the same.

Question：Which graph is the speaker explaining?

★go up「増加する」

★go down
「減少する」

No.2　　男：ケイト，これは僕らの音楽バンドの写真だよ。

　　　　　　僕らは今年学園祭で何曲か演奏したんだ。

　　　　　　僕らにとってすばらしい時間だったよ！

　　　　女：興奮しているようね，ヒロシ。

　　　　　　あなたのとなりでギターを弾いているのは誰？

　　　　男：彼はリョウスケだよ。彼はギターが上手なんだ，そしても

　　　　　　う1人，ギターを弾いているのがタロウだよ。

　　　　女：そうなの。ドラムをたたいているのはタクヤね？

　　　　　　彼は歌も上手だそうね。

　　　Question：どの少年がヒロシですか？

No.3　　私の英語の授業の中で，みなさんが何の活動を一番楽しんだか

　　　　がわかって興味深かったです。

　　　　私は，10人以上の生徒がスピーチをすることを選んでくれたと

　　　　知って，うれしく思いました。8人の生徒が物語を読むことを

　　　　選び，同じ人数の生徒が日記を書くことを選びました。

　　　　みなさんのあいだで一番人気があったものはたぶん想像がつく

　　　　と思います。

　　　　英語の歌を聞くことでした。

　　　　これからもずっと英語を楽しんでほしいです。

　　　Question：話し手が説明しているのはどのグラフですか？

音声を聞く前にグラ
フの項目名を見てお
こう。
スピーチ：10人以上
物語：8人
日記：物語と同じ人数
英語の歌：最も人気

これらの情報から**ア**
を選べるね。

No.4　　グラフを見て下さい。

　　　　これは，2014年に私たちの市に建てられた美術館の，来場者数

　　　　のグラフです。

　　　　その数は2016年まで増加し続けました。

　　　　しかし，次の年に20％減少しました。

　　　　2017年と2018年は同数でした。

　　　Question：話し手が説明しているのはどのグラフですか？

増減に着目しよう。
「2016年まで増加」
「2017年と2018年は
同数」より，**ウ**だね。

第2章　　　　　次の一言

基本問題

解答	No.1 イ	No.2 ウ	No.3 イ	No.4 ア

放送文 ◎5

No.1 　㊛：★Have you ever been to a foreign country?

　　　　㊚：Yes. I went to Australia last year.

　　　　㊛：Oh, I see. How long did you stay there?

ア　By plane.　㋑ **For six days.**　ウ　With my family.

No.2 　㊛：★May I help you?

　　　　㊚：Yes, I'm ★looking for a blue jacket.

　　　　㊛：How about this one?

ア　Here you are.　イ　I'm just looking.　㋒ **It's too expensive for me.**

No.3 　㊛：★What are you going to do this weekend?

　　　　㊚：I'm going to ★go fishing in the sea with my father if it's sunny.

　　　　㊛：Really? That will be fun.

ア　Sorry, I'm busy.　㋑ **I hope the weather will be nice.**
ウ　Nice to meet you.

No.4 　㊛：Hello.

　　　　㊚：Hello, this is Mike. ★May I speak to Yoko?

　　　　㊛：I'm sorry. She isn't at home now.

㋐ **OK. I'll call again later.**　イ　Shall I take a message?
ウ　Hello, Yoko. How are you?

覚えたい表現
Memory work

★Have you ever been to 〜?
「〜に行ったことがありますか？」

★May I help you?
「お手伝いしましょうか？／いらっしゃいませ」
★look for 〜
「〜を探す」

★What are you going to do?
「何をするつもりですか？」
★go fishing
「釣りに行く」

★May I speak to 〜?
「（電話で）〜さんをお願いできますか？」

最後の英文をメモできたかな。質問ならばそれに合う答えを選び，質問でなければ，話の流れから考えよう。消去法も有効だよ。

日本語訳

解 説
Explanation

No.1　(女)：外国に行ったことはある？

　　　(男)：うん。去年，オーストラリアに行ったよ。

　　　(女)：あら，そうなの。そこにはどれくらい滞在したの？

> ア　飛行機だよ。　　(イ)　6日間だよ。　　ウ　家族と一緒にだよ。

最後の英文
How long ～ ?
「(期間をきいて)どれくらい～？」より，返答はFor ～ .
「～間です」だね。

No.2　(女)：お手伝いしましょうか？

　　　(男)：はい，青いジャケットを探しています。

　　　(女)：こちらはいかがですか？

> ア　はい，どうぞ。　イ　見ているだけです。　(ウ)　私には値段が高すぎます。

最後の英文
How about this one?
「こちらはいかがですか？」より，返答はウだね。

No.3　(女)：この週末は何をするつもりなの？

　　　(男)：晴れたら，父と海に釣りに行くつもりだよ。

　　　(女)：本当に？それは楽しそうね。

> ア　ごめん，僕は忙しいんだ。　　(イ)　天気が良いことを願うよ。
> ウ　会えてうれしいよ。

最後の英文が質問ではない。その前に「晴れたら…」と言っているので，話の流れからイだね。

No.4　(女)：もしもし。

　　　(男)：もしもし，マイクです。ヨウコさんをお願いできますか？

　　　(女)：ごめんね。彼女は今家にいないわ。

> (ア)　わかりました。あとでかけ直します。　イ　伝言を預かりましょうか？
> ウ　やあ，ヨウコ。元気？

電話で相手が不在だった場合，電話をかけた側がよく使う表現を選ぶよ。ふさわしいのはアだね。

練習問題

解答　No.1　エ　　No.2　ウ　　No.3　イ　　No.4　ア

🔊)) 放送文　◎6

No.1　(男)：Hello?

　　　(女)：This is Natsuki. May I speak to Jim, please?

　　　(男)：I'm sorry, but ★you have the wrong number.

> ア　I don't know your phone number.
> イ　I see. Do you want to leave a message?
> ウ　Can you ask him to call me?
> ㊀　I'm so sorry.

No.2　(男)：Have you finished cooking?

　　　(女)：No. ★I've just washed the tomatoes and carrots.

　　　(男)：OK. Can I help you?

> ア　Sorry. I haven't washed the tomatoes yet.
> イ　I don't think so. Please help me.
> ㊅　Thanks. Please cut these carrots.
> エ　All right. I can't help you.

No.3　(女)：It's so hot today. Let's have something to drink.

　　　(男)：Sure. I know a good shop. It ★is famous for fruit juice.

　　　(女)：Really?　★How long does it take to get there from here by bike?

> ア　Ten o'clock in the morning.　㊁　Only a few minutes.
> ウ　Four days a week.　エ　Every Saturday.

No.4　(男)：Whose notebook is this? ★There's no name on it.

　　　(女)：Sorry, Mr. Jones. It's mine.

　　　(男)：Oh, Ellen. You should write your name on your notebook.

> ㋐　Sure. I'll do it now.　イ　No. I've never sent him a letter.
> ウ　Yes. You found my name on it.　エ　Of course. I finished my homework.

📍 **覚えたい表現**
Memory work

★You have the wrong number.
「番号が違っています」

★I've just＋過去分詞.
「ちょうど～したところだ」

★be famous for ～
「～で有名である」
★How long does it take to ～?
「～するのにどれくらい時間がかかりますか？」

★There is no ～.
「～がない」

最後の英文を聞き取って，メモできたかな？質問や提案に対する受け答えを注意深く選ぼう。

日本語訳

No.1　(男)：もしもし？

　　　　(女)：ナツキです。ジムさんをお願いできますか？

　　　　(男)：すみませんが，番号が違っています。

> ア　私はあなたの電話番号を知りません。
> イ　わかりました。伝言を残したいですか？
> ウ　私に電話するよう彼に伝えてくれますか？
> (エ)　失礼しました。

解 説
Explanation

男性の「番号が違っています」に対して，エ「失礼しました」以外は不適切だね。

No.2　(男)：料理は終わった？

　　　　(女)：いいえ。ちょうどトマトとニンジンを洗ったところよ。

　　　　(男)：よし，手伝おうか？

> ア　ごめん。私はまだトマトを洗い終えていないの。
> イ　そうは思わないわ。私を手伝って。
> (ウ)　ありがとう。ニンジンを切って。
> エ　わかったわ。私は手伝えないわ。

男性の提案「手伝おうか？」に対して，ウ「ありがとう。ニンジンを切って」以外は不適切だね。

No.3　(女)：今日はとても暑いわ。何か飲みましょう。

　　　　(男)：いいね。いい店を知っているよ。フルーツジュースで有名なんだ。

　　　　(女)：本当に？自転車でそこに行くのにどれくらい時間がかかるの？

> ア　午前10時だよ。　(イ)　ほんの数分だよ。
> ウ　週に４日だよ。　エ　毎週土曜日だよ。

How long does it take to～?「～するのにどれくらい時間がかかりますか？」に対して，イ Only a few minutes.「ほんの数分」以外は不適切だね。

No.4　(男)：これは誰のノートかな？名前が書いてないな。

　　　　(女)：すみません，ジョーンズ先生。私のです。

　　　　(男)：おお，エレン。ノートには自分の名前を書いておくべきだよ。

> (ア)　わかりました。すぐにそうします。
> イ　いいえ。彼に手紙を送ったことはありません。
> ウ　はい。あなたはそこに私の名前を見つけましたよね。
> エ　もちろんです。私は宿題を終えました。

先生から「ノートには自分の名前を書いておくべきだよ」と言われたことに対して，ア「わかりました。すぐにそうします」以外は不適切だね。

第3章　　　対話や英文と質問（1つ）

基本問題

解答　No.1　エ　　No.2　ア　　No.3　ウ

No.1　Mike finished his homework.

He was very hungry.

His mother said, "Dinner ★is ready.

Please ★tell Dad to come to the dining room."

So he went to his father.

Question：What is Mike's mother going to do?

> ア　She is going to do Mike's homework with her husband.
> イ　She is going to cook dinner in the dining room.
> ウ　She is going to go to the dining room with Mike.
> エ　**She is going to eat dinner with her husband and Mike.**

★be ready
「準備ができている」
★tell＋人＋to ～
「(人)に～するように言う」

No.2　⼥：Tom, how's the pizza?

⼥：It's delicious, Lisa. I like your pizza very much.

⼥：Thank you. ★Would you like some more?

Question：What will Tom say next?

> ⑦　**Yes, please. I want more.**　イ　Help yourself, Lisa.
> ウ　I'm sorry. I can't cook well.　エ　Of course. You can take it.

★Would you like some more?
「もう少しいかが？」
（食べ物などを勧めるときの表現）

No.3　⼥：I want this black pen . ★How much is it?

⼥：Now we're having a sale. It's 1,500 yen this week.

⼥：I'll take it. It's a birthday present for my father.

Question：Where are they?

> ア　They are in the nurse's office.　イ　They are in the library.
> ⑦　**They are at a stationery shop.**　エ　They are at a birthday party.

★How much ～？
「～はいくらですか？」

選択肢を読み比べておくと，誰の何について質問されるかをある程度予想できるよ。対話を聞きながら，人の名前や行動などをメモしよう。

日本語訳

解説
Explanation

No.1 マイクは宿題を終えました。

彼はとてもお腹がすいていました。

母親が言いました。「夕食の準備ができたわ。

お父さんにダイニングに来るように言って」

それで彼は父親のところに行きました。

Question：マイクの母親は何をするつもりですか？

ア　彼女は夫と一緒にマイクの宿題をするつもりです。
イ　彼女はダイニングで夕食を作るつもりです。
ウ　彼女はマイクとダイニングに行くつもりです。
エ　彼女は夫とマイクと一緒に夕食を食べるつもりです。

マイク：宿題が終わった。おなかがすいた。父親を呼びに行く。
母親：夕食の準備ができた。
つまり，これから3人で夕食を食べるので，エだね。

No.2 女：トム，ピザはどう？

男：おいしいよ，リサ。僕は君のピザが大好きだよ。

女：ありがとう。もう少しいかが？

Question：トムは次に何を言うでしょうか？

ア　うん，お願い。もっとほしい。　イ　自由に取ってね，リサ。
ウ　ごめん。うまく料理できないんだ。　エ　もちろん。取っていいよ。

リサがトムに「もう少しいかが？」と勧めているので，アだね。

No.3 女：私はこの 黒いペン を買いたいです。おいくらですか？

男：ただいまセール中です。今週は1500円です。

女：それをいただきます。父への誕生日プレゼントなんです。

Question：彼らはどこにいますか？

ア　彼らは保健室にいます。　イ　彼らは図書館にいます。
ウ　彼らは文具店にいます。　エ　彼らは誕生日会にいます。

黒いペンを売っている店だから，ウの stationery shop「文具店」だね。

練習問題

解答　No.1　ア　　No.2　イ　　No.3　ア　　No.4　イ

No.1　⊕：I'm going to buy a birthday present for my sister. Lisa, can you go with me?

　　　⊗：Sure, Ken.

　　　⊕：★Are you free tomorrow?

　　　⊗：Sorry, I can't go tomorrow. When is her birthday?

　　　⊕：Next Monday. Then, how about this Saturday or Sunday?

　　　⊗：Saturday is fine with me.

　　　⊕：Thank you.

　　　⊗：What time and where shall we meet?

　　　⊕：How about at eleven at the station?

　　　⊗：OK. See you then.

　Question：When are Ken and Lisa going to buy a birthday present for his sister?

★Are you free?
「（時間が）空いている？」

⑦ This Saturday.　イ　This Sunday.　ウ　Tomorrow.　エ　Next Monday.

No.2　⊗：Hello?

　　　⊕：Hello. This is Tom. Can I speak to Eita, please?

　　　⊗：Hi, Tom. I'm sorry, he ★is out now.
　　　　Do you ★want him to call you later?

　　　⊕：Thank you, but I have to go out now. ★Can I leave a message?

　　　⊗：Sure.

　　　⊕：Tomorrow we are going to do our homework at my house. ★Could you ask him to bring his math notebook?
　　　　I have some questions to ask him.

　　　⊗：OK, I will.

　Question：What does Tom want Eita to do?

★be out
「外出している」
★want＋人＋to ～
「（人）に～してほしい」
★Can I leave a message?
「伝言をお願いできますか？」

★Could you ～？
「～していただけませんか？」

ア　To do Tom's homework.　④　To bring Eita's math notebook.
ウ　To call Tom later.　エ　To leave a message.

音声を聞く前に選択肢を読み比べて，質問される人や内容を考えておこう。対話が長いので，ポイントをしぼってメモをとろう。

日本語訳

No.1　男：姉(妹)の誕生日プレゼントを買おうと思っているんだ。
　　　　　リサ，一緒に来てくれない？

　　　女：いいわよ，ケン。

　　　男：明日は空いてる？

　　　女：ごめんね，明日は行けないわ。彼女の誕生日はいつ？

　　　男：次の月曜日だよ。じゃあ，この土曜日か日曜日はどう？

　　　女：土曜日は都合がいいわ。

　　　男：ありがとう。

　　　女：何時にどこで待ち合わせる？

　　　男：11時に駅でどうかな？

　　　女：ええ。じゃあそのときね。

　Question：ケンとリサはいつ彼の姉(妹)の誕生日プレゼントを買うつもりですか？

⑦　この土曜日。　イ　この日曜日。　ウ　明日。　エ　次の月曜日。

解 説
Explanation

選択肢より，曜日に注意してメモをとろう。This Saturday.「この土曜日」の**ア**だね。

No.2　女：もしもし？

　　　男：もしもし。トムです。英太さんをお願いできますか？

　　　女：こんにちは，トム。ごめんね，彼は今外出しているわ。
　　　　　あとでかけ直すようにしましょうか？

　　　男：ありがとうございます，でもすぐに外出しないといけないんです。伝言をお願いできますか？

　　　女：いいわよ。

　　　男：明日，僕の家で一緒に宿題をすることになっています。数学のノートを持ってくるよう彼に頼んでいただけませんか？彼にいくつか尋ねたいことがあるんです。

　　　女：わかったわ，伝えておくわね。

　Question：トムが英太にしてほしいことは何ですか？

選択肢より，英太がトムに対してすること(トムが英太にしてほしいこと)を選ぼう。トムは3回目の発言でイの内容の伝言を伝えたんだね。

ア　トムの宿題をすること。　　①　数学のノートを持ってくること。
ウ　あとてトムに電話すること。　エ　伝言を残すこと。

No.3

㊛：Hi, Mike. ★What kind of book are you reading?

㊚：Hi, Rio. It's about *ukiyoe* pictures. I learned about them last week.

㊛：I see. You can see *ukiyoe* in the city art museum now.

㊚：Really? I want to visit there. In my country, there are some museums that have *ukiyoe*, too.

㊛：Oh, really? I ★am surprised to hear that.

㊚：I have been there to see *ukiyoe* once. I want to see them in Japan, too.

㊛：I went to the city art museum last weekend. It was very interesting. You should go there.

Question：Why was Rio surprised?

ア　Because Mike said some museums in his country had *ukiyoe*.
イ　Because Mike learned about *ukiyoe* last weekend.
ウ　Because Mike went to the city art museum in Japan last weekend.
エ　Because Mike didn't see *ukiyoe* in his country.

No.4

㊛：Hello, Hiroshi. How was your holiday?

㊚：It was great, Lisa. I went to Kenroku-en in Kanazawa. It is a beautiful Japanese garden.

㊛：How did you go there?

㊚：I took a train to Kanazawa from Toyama. Then I wanted to take a bus from Kanazawa Station, but there were many people. So I ★decided to walk.

㊛：Oh, really? How long did it take ★from the station to Kenroku-en?

㊚：About 25 minutes. I saw many people from other countries.

㊛：I see. Kanazawa is an ★international city.

Question：Which is true?

ア　It took about 25 minutes from Toyama to Kanazawa.
イ　Hiroshi walked from Kanazawa Station to Kenroku-en.
ウ　Hiroshi went to many countries during his holiday.
エ　Hiroshi took a bus in Kanazawa.

覚えたい表現 Memory work

★What kind of ～?
「どんな種類の～？」

★be surprised to ～
「～して驚く」

★decide to ～
「～することに決める／決心する」
★from A to B
「AからBまで」

★international
「国際的な」

No.3

　　女：こんにちは，マイク。どんな本を読んでいるの？

　　男：やあ，リオ。浮世絵についての本だよ。先週それらについて学んだんだ。

　　女：そうなの。今，市立美術館で浮世絵を見ることができるよ。

　　男：本当に？そこに行きたいな。
　　　　僕の国にも，浮世絵のある美術館があるよ。

　　女：え，本当に？それを聞いて 驚いた わ。

　　男：僕は一度そこに浮世絵を見に行ったことがあるよ。
　　　　日本でも見たいな。

　　女：先週末，市立美術館に行ったの。
　　　　とても面白かったわ。あなたも行くべきよ。

　Question：なぜリオは驚きましたか？

ア　マイクが彼の国の美術館に浮世絵があると言ったから。
イ　マイクが先週末に浮世絵について学んだから。
ウ　マイクが先週末に日本の市立美術館に行ったから。
エ　マイクが彼の国で浮世絵を見なかったから。

解説
Explanation

選択肢が全て
Because Mike ～.
マイクが言ったことは
・浮世絵についての
　本を読んでいる。
・浮世絵のある美術
　館が自国にもある。
・自国の美術館に浮
　世絵を見に行った
　ことがある。
・日本でも浮世絵を
　見たい。
質問は「リサが驚い
た理由」だから，ア だ
ね。

No.4

　　女：こんにちは，ヒロシ。休みはどうだった？

　　男：すばらしかったよ，リサ。金沢の兼六園に行ったよ。
　　　　美しい日本庭園だよ。

　　女：そこにはどうやって行ったの？

　　男：富山から金沢まで電車に乗ったよ。
　　　　そして金沢駅からはバスに乗りたかったけれど，とても
　　　　たくさんの人がいたんだ。それで僕は歩くことにしたよ。

　　女：まあ，本当？駅から兼六園までどれくらい時間がかかったの？

　　男：約25分だよ。外国から来たたくさんの人を見たよ。

　　女：なるほど。金沢は国際都市ね。

　Question：どれが正しいですか？

ア　富山から金沢まで約25分かかった。
イ　ヒロシは金沢駅から兼六園まで歩いた。
ウ　ヒロシは休みの間にたくさんの国に行った。
エ　ヒロシは金沢でバスに乗った。

選択肢から以下の
キーワードにしぼっ
て，音声の同様の単
語に注意しよう。
ア 25 minutes
イ walk
ウ many countries
エ bus
アはヒロシの3回目，
イ，エは2回目の発
言にあるけど，ウは
音声にはないね。ヒ
ロシは金沢駅から兼
六園まで歩いたの
で，イ だね。

第4章　　語句を入れる

基本問題

解答　**No.1**　（ア）土　（イ）2時30分　（ウ）青

　　　　No.2　（ア）博物館〔別解〕美術館　（イ）150　（ウ）生活〔別解〕暮ら

🔊 放送文　9

No.1　⊛：David, the festival will ★be held ⱼ from Friday to Sunday , right?

　　　⊛：Yes, Kyoko. I'm going to join the dance event at the music hall ⱼ★on the second day .

　　　⊛：That's great! Can I join, too?

　　　⊛：Sure. It will start at ⱼ three in the afternoon.
　　　　　Let's meet there ⱼ 30 minutes before that .
　　　　　We will wear ⱼ blue T-shirts when we dance.
　　　　　Do you have one?

　　　⊛：Yes, I do. I'll bring it.

No.2　⊛：What is this building, Kate? It looks very old.

　　　⊛：This is a ⱼ museum , Eita.
　　　　　It was built about ⱼ 150 years ago and used as a school.

　　　⊛：What can we see here?

　　　⊛：You can see how people ⱼ lived ★a long time ago.
　　　　　★Shall we go inside now?

　　　⊛：OK. Let's go.

📍 **覚えたい表現**
Memory work

★be held
「開催される」

★on the second
day「2日目に」

★a long time ago
「昔」
★Shall we ～?
「（一緒に）～しましょ
うか?」

音声を聞く前に空欄を見て，どのような語句が入るか予想しよう。数を聞き取る問題は，アクセントに注意しよう。

日本語訳

解説
Explanation

No.1　⓪：デイビッド，お祭りは ㋐ 金曜日から日曜日まで 開催されるのよね？

　　　⓪：そうだよ，教子。僕は ㋐ 2日目に 音楽ホールで行われるダンスイベントに参加する予定だよ。

　　　⓪：いいわね！私も参加していい？

　　　⓪：いいよ。それは午後 ㋑ 3時 に始まるよ。
　　　　　㋑ 30分前（＝午後2時30分） に現地で待ち合わせしよう。
　　　　　僕らはダンスをするときに ㋒ 青いＴシャツ を着るんだ。
　　　　　持っている？

　　　⓪：ええ，持っているわ。それを持っていくね。

お祭り：
金曜日〜日曜日

ダンスイベント：
2日目
開始時刻：午後 3 時
集合時刻： 30 分前
Ｔシャツの色： 青 色

No.2　⓪：この建物は何だろう，ケイト？とても古そうだね。

　　　⓪：これは ㋐ 博物館 よ，英太。
　　　　　約 ㋑ 150 年前に建てられて，学校として使われたの。

　　　⓪：ここでは何を見ることができるの？

　　　⓪：昔の人々がどのように ㋒ 生活していた かを見られるわ。
　　　　　では中に入りましょうか？

　　　⓪：うん。行こう。

㋐
museum「博物館／美術館」を聞き取ろう。
㋑
one hundred and fifty（＝150）
fiftyのアクセントに注意。fiftyのアクセントは前にあるよ。
㋒
how以下が間接疑問。lived「生活していた」を聞き取ろう。

- 22 -

← さらに詳しい解説

練習問題

解答　**No.1**（ア）Sunday（イ）11 (in the morning)　**No.2**（ア）learn（イ）Thursday

 放送文

No.1

男：Hi, Lisa. This is Mike. How's everything?

女：Great, thanks. *What's up?

男：My brother is coming to Fukuoka next Friday and will stay here for three weeks.

　　How about going to a ramen shop together?

　　He has wanted to eat ramen in Fukuoka *for a long time.

女：Oh, there's a good ramen shop near my house.
　　Let's go there.

男：That's great. He will be glad to hear that.
　　When and where shall we meet?

女：Can you come to my house at イ eleven in the morning next Saturday?
　　Then we can walk to the ramen shop together.

男：I'm sorry, I can't. I'm busy until three in the afternoon that day.
　　How about * イ the same time next ア Sunday ?

女：All right. Can I *invite my friend Nancy?

男：Sure. See you then. Bye.

No.2

男：Thank you for coming to our concert today, Aya. How was it?

女：Wonderful! Everyone was great. You especially played the violin very well, James. I really enjoyed the concert.

男：I'm glad to hear that.

女：I want to play the violin, too. ア Can you teach me *how to play it ?

男：ア Sure. イ I'm free every Thursday.
　　Please come to my house and we can practice together.

女：That's nice! Can I visit you next イ Thursday ?

男：Of course.

★What's up?
「どうしたの？」

★for a long time
「長い間／ずっと」

★the same time
「同じ時間」
★invite ～
「～を招く／誘う」

★how to ～
「～する方法」

音声で流れない語句を答えなくてはならない場合もあるよ。そのようなときは，前後の内容から考えて語句を導き出そう。

日本語訳

 解説 Explanation

No.1 男：もしもし，リサ。マイクだよ。元気？

女：元気よ。どうしたの？

男：兄(弟)が今度の金曜日に福岡に来て，3週間いるんだ。
　　一緒にラーメン屋に行かない？
　　兄(弟)がずっと福岡のラーメンを食べたいって言っててさ。

女：それなら家の近くにおいしいラーメン屋があるわよ。
　　そこに行こうよ。

男：やったあ。兄(弟)もそれを聞いたら喜ぶよ。
　　いつどこで待ち合わせをしようか？

女：今度の土曜日，ィ 午前11時 に私の家に来られる？
　　歩いて一緒にラーメン屋まで行けるわ。

男：ごめん，無理だ。その日は午後3時まで忙しいんだ。
　　今度の ァ 日曜日 の ィ 同じ時間 はどう？

女：いいわよ。友達のナンシーも誘っていい？

男：もちろんだよ。じゃあそのときね。バイバイ。

ラーメン屋に行く曜日と時間を答える問題だね。
リサ：土曜日午前11時を提案。
マイク：日曜日の同じ時間を提案。

No.2 男：今日はコンサートに来てくれてありがとう，アヤ。どうだった？

女：素敵だったわ！みんな上手だった。特にあなたはバイオリンをとても上手に演奏していたね，ジェームス。
　　本当にいいコンサートだったわ。

男：それを聞いてうれしいよ。

女：私もバイオリンを弾いてみたいわ。ァ弾き方を教えてくれない？

男：ァいいよ。ィ毎週木曜日は時間があるよ。
　　僕の家においでよ，それなら一緒に練習できるよ。

女：ありがとう！次の ィ 木曜日 に行ってもいい？

男：もちろんだよ。

ァ
ジェームスはアヤにバイオリンを教える＝アヤはジェームスからバイオリンを学ぶ。learn「学ぶ」が適切だよ。音声で流れない単語を書く難問だね。practice を入れると後ろのfrom youと合わないから不適切だね。

ィ
Thursday「木曜日」を聞き取ろう。

← さらに詳しい解説

第5章　　　対話と質問（複数）

基本問題

> 解答　No.1　イ　　No.2　ア　　No.3　イ　　No.4　ア

 放送文　11

男：Hello, Ms. Brown.

女：Hi, Kenji. You don't look well today. ★What happened?

男：Last week we had a basketball game.

I was ★so nervous that I couldn't play well.

No.1 イ Finally, our team lost the game.

女：Oh, I understand how you feel.

I played basketball for ten years in America.

I felt nervous during games, too.

男：Oh, did you? No.2 ア I always ★feel sorry for my friends in my team when I make mistakes in the game.

女：Kenji, I had the same feeling. When I made a mistake in the game, I ★told my friends that I was sorry.

But one of my friends said, "Don't feel sorry for us. We can ★improve by making mistakes. You can try again!"

She told me with a big smile.

Her words and smile ★encouraged me.

★Since then, I have ★kept her words in mind.

男：Thank you, Ms. Brown. I learned a very important thing from you. No.4 ア Now I believe that I can improve my basketball skills by making mistakes.

女：Great, Kenji! I'm glad to hear that. No.3 イ When is your next game?

男：Oh, No.3 イ it's in November. Please come to watch our game!

女：Sure. I'm ★looking forward to seeing it. Good luck.

男：Thank you, Ms. Brown. I'll ★do my best.

覚えたい表現 Memory work

★What happened?
「何かあった？」

★so…that〜
「とても…なので〜」

★feel sorry for〜
「〜に申し訳なく思う」

★tell＋人＋that〜
「(人)に〜と言う」

★improve
「上達する」

★encourage〜
「〜を励ます」
★since then
「それ以来」
★keep〜in mind
「〜を心に留める」

★look forward to 〜ing
「〜することを楽しみにする」
★do one's best
「ベストを尽くす」

音声を聞く前に問題文や選択肢を読んでおこう。対話が長いので，集中力を切らさず，答えに関する内容を正しく聞き取ってメモしよう。

日本語訳

解 説
Explanation

男：こんにちは，ブラウン先生。

女：あら，ケンジ。今日は元気がないわね。何かあった？

男：[先週]，バスケットボールの試合がありました。

とても緊張してうまくプレーできなかったんです。

No.1 ｲ 結局，僕らのチームは試合に負けてしまいました。

女：まあ，私はあなたの気持ちがわかるわ。

私はアメリカで10年間バスケットボールをしていたの。

私もゲーム中に緊張していたわ。

男：先生もですか？ No.2 ｱ 僕は試合でミスをしたとき，いつもチームの友達に申し訳なく思います。

女：ケンジ，私も同じ気持ちだったわ。試合で自分がミスをしたとき，友達に謝っていたの。

でも，友達の1人が，「申し訳なく思うことはないわ。

私たちはミスをすることで上達するの。

また挑戦すればいいのよ！」と満面の笑みで言ってくれたのよ。

彼女の言葉と笑顔に励まされたわ。

それ以来，彼女の言葉を心に留めているの。

男：ありがとうございます，ブラウン先生。僕は先生からとても大切なことを学びました。No.4 ｱ 今はミスをすることによってバスケットボールの技術を上達させられると信じています。

女：すごい，ケンジ！それを聞いてうれしいわ。No.3 ｲ 次の試合はいつ？

男：ああ，No.3 ｲ 11月にあります。僕たちの試合を見に来てください！

女：いいわ。試合を見るのを楽しみにしているわ。がんばってね。

男：ありがとうございます，ブラウン先生。ベストを尽くします。

・先週の試合でケンジのチームは[負け]た。
・ブラウン先生は[アメリカ]で[10]年間バスケットボールをしていた。
・ケンジはミスをすると[友達]に[申し訳ない]と思う。
・ブラウン先生はミスをすると[友達]に[謝って]いた。
・しかし，ブラウン先生の友達がまた[挑戦]すればいいと言った。その[言葉]と[笑顔]に励まされた。
・ケンジはブラウン先生からとても[大切]なことを学んだ。今ではミスをすることで[バスケットボール]の技術が[上達]すると信じている。
・ケンジの次の[試合]は[11]月にある。
・ブラウン先生は[試合]を楽しみにしている。
・ケンジは[ベストを尽くす]つもりだ。

 ← さらに詳しい解説

練習問題

解答　No.1　イ　　No.2　イ　　No.3　エ　　No.4　エ

 放送文　12

女：Hi, Daiki. What will you do during the spring vacation?

男：My family will spend five days in Tokyo with my friend, Sam.
He is a high school student from Sydney. I met him there.

女：I see. No.1 イ Did you live in Sydney?

男：No.1 イ Yes. My father worked there when I was a child.
Sam's parents *asked my father to take care of Sam in Japan.
No.2 イ He will come to my house in Osaka next week.

女：Has he ever visited Japan?

男：No, he hasn't. I haven't seen him for a long time, but we
often send e-mails to *each other.

女：How long will he stay in Japan?

男：For ten days. No.3 エ Have you ever been to Tokyo, Cathy?

女：No.3 エ No, but I'll visit there this May with my friend, Kate.
She lives in America. Do you often go to Tokyo?

男：Yes. My grandmother lives there.
We will visit the zoo and the museum with her.
We will also go shopping together.

女：*That sounds good. Sam will be very glad.

男：I hope so. Well, I sent him a book about Tokyo which has
*a lot of beautiful pictures.

女：Cool. I also want to give a book like that to Kate because
No.4 エ she likes taking pictures of beautiful places.
*Actually, she has been to many foreign countries to take
pictures.

男：That's interesting. I like taking pictures, too.
So I want to see the pictures she took in other countries.

女：OK. I'll tell her about that.

男：Thank you.

Question No.1：Where did Daiki live when he was a child?

Question No.2：Who will come to Daiki's house next week?

Question No.3：Has Cathy visited Tokyo before?

Question No.4：What does Kate like to do?

覚えたい表現 Memory work

★ask＋人＋to～
「（人）に～するように頼む」

★each other
「お互いに」

★That sounds good.
「それはいいね」
★a lot of～
「たくさんの～」

★actually
「実際に／実は」

- 27 -

ダイキとキャシーの対話。ダイキの友達のサムと，キャシーの友達のケイトも出てくるよ。音声を聞きながら，誰が何をしたかをメモしよう。

日本語訳

解 説
Explanation

女：こんにちは，ダイキ。春休みは何をするの？

男：家族で，友達のサムと一緒に東京に 5 日間滞在するよ。サムはシドニー出身の高校生だよ。僕はシドニーで彼と知り合ったんだ。

女：そうなんだ。 No.1ｲあなたはシドニーに住んでいたの？

男：No.1ｲそうだよ。僕が子どものころ，父がシドニーで働いていたんだ。サムの両親が，日本に行くサムの面倒を見てくれるよう父に頼んだんだよ。

　No.2ｲサムは来週，大阪の我が家に来るよ。

女：彼は日本に来たことがあるの？

男：ないよ。僕も長いこと彼に会っていないんだ，でもお互いによくメールを送り合っているよ。

女：彼は日本にどのくらい滞在するの？

男：10 日間だよ。No.3ｴキャシーは東京に行ったことある？

女：No.3ｴいいえ，でも友達のケイトと，今年の 5 月に行くつもりよ。彼女はアメリカに住んでいるわ。あなたはよく東京に行くの？

男：うん。祖母が住んでいるんだ。僕たちは，祖母と一緒に動物園と博物館に行く予定だよ。それから一緒に買い物にも行くつもりなんだ。

女：それはいいわね。サムはとても喜ぶと思うわ。

男：そうだといいな。そういえば，僕はサムに，素敵な写真がたくさん載っている東京に関する本を送ったんだよ。

女：いいわね。私もそういう本をケイトに送りたいわ，No.4ｴ彼女は美しい場所の写真を撮るのが好きだから。実は，彼女は写真を撮るためにたくさん外国に行っているのよ。

男：それは興味深いな。僕も写真を撮るのが好きだよ。だから彼女が外国で撮った写真を見たいな。

女：わかった。彼女にそう伝えておくわ。

男：ありがとう。

Question No.1：ダイキは子どものころ，どこに住んでいましたか？

Question No.2：来週，誰がダイキの家に来ますか？

Question No.3：キャシーは以前，東京に行ったことがありますか？

Question No.4：ケイトは何をするのが好きですか？

No.1
ダイキについての質問だね。ダイキは幼少期にシドニーに住んでいたと言っているね。

No.2
ダイキの家に来るのは，ダイキの友達のサムだね。

No.3
キャシーは，東京に行く予定はあるけれど，まだ行ったことはないと言っているね。Has Cathy 〜？と聞かれたから，No, she hasn't. と答えよう。

No.4
キャシーが友達のケイトの好きなことを紹介しているね。

第6章　　　　英文と質問（複数）

基本問題

解答　No.1　ア　　No.2　エ　　No.3　ウ

 放送文 🎧**13**

覚えたい表現
Memory work

Today is the last day before summer vacation.

From tomorrow, you'll have twenty-five days of vacation and I'll give you some homework to do.

For your homework, you must write a report about the problems in the ★environment and you must use ★more than one hundred English words.

We've ★finished reading the textbook about the problems in the environment.

So, _{No.1 ア}<u>in your report, you must write about ★one of the problems in the textbook that is interesting to you.</u>

★The textbook says that there are many kinds of problems like water problems or fires in the mountains.

_{No.2 エ}<u>The textbook also says that everyone in the world must continue thinking about ★protecting the environment from these problems.</u>

If you want to know more about it, use the Internet or books in the city library.

_{No.3 ウ}<u>Please give me your report at the next class.</u>

I hope you enjoy this homework and have a good vacation.

★environment
「環境」
★more than ～
「～以上」
★finish ～ ing
「～し終える」

★one of ～
「～の１つ」

★the textbook says
(that)～「教科書に
は～と書いてある」

★protect A from B
「BからAを守る」

音声を聞く前に，問題文，質問，選択肢の内容から，聞き取るべきキーワードをイメージできたかな？それらのキーワードに関連する部分を中心にメモをとろう。

日本語訳

今日は夏休み前の最終日です。

明日からみなさんは25日間の休暇に入るので，宿題を出します。

みなさんは宿題として，環境問題についてのレポートを書いてください，なお，英単語を100語以上使わなければいけません。

私たちは環境問題についての教科書を読み終えました。

ですから_{No.1} ァレポートでは，教科書の中で自分の興味がある問題の1つについて書いてください。

教科書には，水問題や山火事のような，多くの種類の問題があると書いてあります。

_{No.2} ェまた，教科書には，世界中の誰もが，これらの問題から環境を守ることを考え続けなければいけない，とも書いてあります。

もっと詳しく知りたい人は，インターネットや市立図書館にある本を利用してください。

_{No.3} ゥレポートは，次の授業で私に提出してください。

みなさんがこの宿題を楽しみ，良い休暇を過ごすことを願っています。

- 夏休み前の最終日。明日から25日間の休みに入る。
- 環境問題についてのレポートを書く。英単語を100語以上使う。
- 環境問題についての教科書を読み終えた。
- 教科書の中で興味がある問題を選ぶ。
- 教科書には世界中の誰もが環境を守ることについて考え続けなければならないと書いてある。
- 詳しく知りたい人はインターネットや市立図書館の本を利用する。
- 次の授業でレポートを提出する。

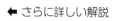 ← さらに詳しい解説

練習問題

解答　No.1　イ　　No.2　エ　　No.3　ウ　　No.4　イ

 放送文 ◎*14*

Today, I'll tell you about my grandmother's birthday party.

Before her birthday, I talked about a birthday present for her with my father and mother.

My father said, "Let's go to a cake shop and buy a birthday cake." No.1 ィMy mother said, "That's a good idea. I know a good cake shop." But when I saw my bag, I had another idea. I said, "No.2 ェMy grandmother made this bag ★as my birthday present last year, so I want to make a cake for her."

They agreed.

No.3 ゥOn her birthday, I started making the cake at nine in the morning. My father and mother helped me because that was ★my first time. I finished making it at one in the afternoon.

We visited my grandmother at six and started the party for her.

First, we enjoyed a special dinner with her.

After that, I showed her the cake.

When she saw it, she said, "Wow, did you make it? I'm so happy. Thank you, Kyoko."

I ★was happy to hear that.

No.4 ィThen we ★sang a birthday song for her and ate the cake with her. I'll never forget that wonderful day.

Question No.1：Who knew a good cake shop?

Question No.2：Why did Kyoko want to make a cake for her grandmother?

Question No.3：★How many hours did Kyoko need to make the cake?

Question No.4：What did Kyoko do at her grandmother's birthday party?

 覚えたい表現 Memory work

★as ～「～として」

★my first time 「（私にとって）初めてのこと」

★be happy to ～ 「～してうれしい」
★sang sing「歌う」の過去形

★How many hours ～ ? 「何時間～？」

選択肢から，No.1は人物，No.2は理由，No.3は時間，No.4は行動についての質問だと推測できるね。関連部分の音声に注意しながら聞き取ってメモをし，質問にそなえよう。

日本語訳

今日は，私の祖母の誕生日パーティーについて話そうと思います。

誕生日の前に，私は，祖母にあげる誕生日プレゼントについて両親と話しました。

父は，「ケーキ屋に行って誕生日ケーキを買おう」と言いました。

No.1 ィ母は，「いい考えね。私はおいしいケーキ屋を知っているわ」と言いました。しかし私は，自分のバッグを見て別の考えが浮かびました。

「No.2 ェおばあちゃんは去年，私の誕生日プレゼントとしてこのバッグを作ってくれたの。だから私はケーキを作りたいわ」と私は言いました。両親も賛成してくれました。

No.3 ゥ誕生日当日，私は午前9時からケーキを作り始めました。ケーキ作りは初めてのことだったので，両親が手伝ってくれました。私は午後1時にケーキを作り終えました。

私たちは6時に祖母の家に行き，パーティーを始めました。

まず，一緒にごちそうを楽しみました。

その後，私は祖母にケーキを見せました。

それを見ると，祖母は，「まあ，自分で作ったの？とってもうれしいわ。ありがとう，教子」と言いました。

私はそれを聞いてうれしくなりました。

No.4 ィそれから私たちは，祖母のために誕生日の歌を歌って，一緒にケーキを食べました。私はあの素晴らしい日を決して忘れません。

Question No.1：おいしいケーキ屋を知っていたのは誰ですか？

Question No.2：教子はなぜ祖母にケーキを作ってあげたかったのですか？

Question No.3：教子はケーキを作るのに何時間かかりましたか？

Question No.4：教子は祖母の誕生日パーティーで何をしましたか？

No.1
おいしいケーキ屋を知っていた人は，ケーキを買おうと言ったお父さんではないよ。教子のお母さんだね。

No.2
おばあちゃんがバッグを作ってくれたから，自分も手作りのものをあげたいと思ったんだね。

No.3
午前9時から午後1時までだから，4時間だね。

No.4
教子が話したのは，イの「祖母のために両親と誕生日の歌を歌った」だね。

第７章　　　作　文

基本問題

解答　No.1　（例文）We can give her some flowers.

No.2　（例文）I can play soccer with him. It's bcause I can talk with him in Japanese while we are playing soccer.

 放 送 文　15

No.1　女：Hi, John. Do you know our classmate Eiko will leave Tokyo and live in Osaka from next month?

We have to ★say goodbye to her soon.

男：Really, Kyoko? I didn't know that. I'm very sad.

女：Me, too. Well, let's do something for Eiko. What can we do?

男：（　　　　）

No.2　Hello, everyone.

Next week a student from Australia will come to our class and study with us for a month.

His name is Bob.

He wants to enjoy his stay.

He likes sports very much and wants to learn Japanese.

Please tell me what you can do for him and why.

覚えたい表現
Memory work

★say goodbye to ～
「～にさよならを言う」

No.1では引っ越すクラスメートに，No.2ではオーストラリアからの留学生に対してできることを英文で書くよ。間違えずに書ける単語や表現を使って短くまとめよう。

日本語訳

解説
Explanation

No.1
女：こんにちは，ジョン。クラスメートのエイコが東京を去り，

来月から大阪に住むことになったって知ってる？

もうすぐさよならを言わなければならないわ。

男：本当に，教子？それは知らなかったよ。とても悲しいね。

女：私もよ。**エイコのために何かしましょう。**

何ができるかしら？

男：（　　　　　）

No.1
東京から大阪へ引っ越すクラスメートにしてあげられることを書こう。
（例文の訳）
「花束をあげることができるね」
「(人)に(もの)をあげる」＝give＋人＋もの

No.2
みなさん，こんにちは。

来週，オーストラリアから1人の留学生がこのクラスに来て，

一緒に1か月間勉強する予定です。

彼の名前はボブです。

彼はこの滞在を楽しみたいと思っています。

彼はスポーツが大好きで，日本語を学びたいと思っています。

あなたが彼のためにできることと，その理由を教えてください。

No.2
スポーツが大好きで日本語を学びたい留学生のためにできることと，その理由を書こう。
（例文の訳）
「僕は彼と一緒にサッカーをすることができます。サッカーをしながら，彼と日本語で話をすることができるからです」

練習問題

解答　No.1　ウ　　No.2　They should tell a teacher.

No.3　（例文）I want to go to America because there are a lot of places to visit.

 放送文 ◎*16*

*Welcome to our school. I am Lucy, a second-year student of this school. We are going to show you around our school today. Our school was built in 2019, so it's still new.

Now we are in the gym.

We will start with the library, and I will *show you how to use it. Then we will look at classrooms and the music room, and No.1 ウwe will finish at the lunch room. There, you will meet other students and teachers.

After that, we are going to have *a welcome party.

There is something more I want to tell you.

We took a group picture *in front of our school.

No.2If you want one, you should tell a teacher tomorrow.

Do you have any questions?

Now let's start.

Please come with me.

Question No.1 : Where will the Japanese students meet other students and teachers?

Question No.2 : If the Japanese students want a picture, what should they do tomorrow?

Question No.3 : If you study abroad, what country do you want to go to and why?

★Welcome to ～ .
「～へようこそ」

★show＋人＋もの
「(人)に(もの)を見せる」

★a welcome party「歓迎会」

★in front of ～
「～の前で」

「…ので〜したい」＝I want to 〜 because …. は英作文でよく使う形なので覚えておこう。

日本語訳

解説
Explanation

私たちの学校へようこそ。私はルーシー，この学校の2年生です。

今日はみなさんに学校を案内します。

私たちの学校は2019年に建てられました，ですからまだ新しいですね。

私たちは今，体育館にいます。

まず図書館から始めましょう，その使い方を教えます。

それから，教室と音楽室を見て，_{No.1 ウ}最後に食堂を見ます。そこで，みなさんは他の生徒や先生と対面することになっています。

その後，歓迎会をする予定です。

みなさんにお伝えしたいことがもう少しあります。

校舎の前でグループ写真を撮りましたね。

_{No.2}その写真が欲しい人は，明日先生に申し出てください。

何か質問はありますか？

では行きましょう。

私についてきてください。

Question No.1：日本の生徒はどこで他の生徒や先生と会いますか？

Question No.2：日本の生徒は写真が欲しい場合，明日何をすべきですか？

Question No.3：もしあなたが留学するなら，どの国に行きたいですか，そしてそれはなぜですか？

No.1
他の生徒や先生と対面する場所は食堂＝the lunch roomだから，**ウ**だね。

No.2
Ifで始まる文の後半の内容を答えればいいね。

No.3
したいこととその理由を答えるときは，I want to 〜 because …. の形を使おう。
（例文の訳）
「訪れるたくさんの場所があるので，私はアメリカに行きたいです」

P3	What do you want to do in the future?	あなたは将来何をしたいですか？
	by bike	自転車で
	Can you ～?	～してくれませんか？
	Can I ～?	～してもいいですか？
	look at ～	～を見る
	have to ～	～しなければならない
P5	What's the matter?	どうしたの？
	last night	昨夜
	go to bed	寝る
	get up	起きる
	for ～（期間を表す言葉）	～の間
	stop ～ing	～することをやめる
	How about ～?	～はどうですか？
	Thank you for ～ing.	～してくれてありがとう
	for ～（対象を表す言葉）	～のために
P7	What time shall we meet?	何時に待ち合わせる？
	the ＋最上級＋ in ＋○○	○○の中で最も…
	no ＋人	（人）が1人も～ない
	I've never ～.	私は一度も～したことがない
	keep ＋人／もの＋状態	（人／もの）を（状態）に保つ
P9	school festival	学園祭
	look ～	～のように見える
	next to ～	～のとなりに
	I hear（that）～.	～だそうだ
	be good at ～ing	～することが得意だ
	be glad to ～	～してうれしい
	over ～	～以上
	make a speech	スピーチをする
	the number of ～	～の数
	keep ～ing	～し続ける
	go up	増加する
	go down	減少する
P11	Have you ever been to ～?	～に行ったことがありますか？
	May I help you?	お手伝いしましょうか？／いらっしゃいませ
	look for ～	～を探す
	What are you going to do?	何をするつもりですか？
	go fishing	釣りに行く
	May I speak to ～?	（電話で）～さんをお願いできますか？
P13	You have the wrong number.	番号が違っています
	I've just ＋過去分詞.	ちょうど～したところだ
	be famous for ～	～て有名てある
	How long does it take to ～?	～するのにどれくらい時間がかかりますか？
	There is no ～.	～がない
P15	be ready	準備がてきている
	tell ＋人＋ to ～	（人）に～するように言う
	Would you like some more?	もう少しいかが？
	How much ～?	～はいくらてすか？

P17	Are you free?	(時間)が空いている？
	be out	外出している
	want ＋人＋ to ～	(人)に～してほしい
	Can I leave a message?	伝言をお願いできますか？
	Could you ～ ?	～していただけませんか？
P19	What kind of ～?	どんな種類の～？
	be surprised to ～	～して驚く
	decide to ～	～することに決める／決心する
	from A to B	AからBまで
	international	国際的な
P21	be held	開催される
	on the second day	2日目に
	a long time ago	昔
	Shall we ～ ?	(一緒に)～しましょうか？
P23	What's up?	どうしたの？
	for a long time	長い間／ずっと
	the same time	同じ時間
	invite ～	～を招く／誘う
	how to ～	～する方法
P25	What happened?	何かあった？
	so…that ～	とても…なので～
	feel sorry for ～	～に申し訳なく思う
	tell ＋人＋ that ～	(人)に～と言う
	improve	上達する
	encourage ～	～を励ます
	since then	それ以来
	keep ～ in mind	～を心に留める
	look forward to ～ ing	～することを楽しみにする
	do one's best	ベストを尽くす
P27	ask ＋人＋ to ～	(人)に～するように頼む
	each other	お互いに
	That sounds good.	それはいいね
	a lot of ～	たくさんの～
	actually	実際に／実は
P29	environment	環境
	more than ～	～以上
	finish ～ ing	～し終える
	one of ～	～の1つ
	the textbook says (that) ～	教科書には～と書いてある
	protect A from B	BからAを守る
P31	as ～	～として
	my first time	(私にとって)初めてのこと
	be happy to ～	～してうれしい
	sang	sing「歌う」の過去形
	How many hours ～?	何時間～？
P33	say goodbye to ～	～にさよならを言う
P35	Welcome to ～.	～へようこそ
	show ＋人＋もの	(人)に(もの)を見せる
	a welcome party	歓迎会
	in front of ～	～の前で

聞き違いをしやすい表現
Easy to mistake

17

1 聞き違いをしやすい数

サーティーン   **サー**ティ
thirteen「13」と thirty「30」

 アクセントの位置に着目

後   前
thir**teen**「13」と **thir**ty「30」

フォーティーン   フォーティ
fourteen「14」と forty「40」

フィフテイーン   フィフティ
fifteen「15」と fifty「50」

シックステイーン   シックスティ
sixteen「16」と sixty「60」

セブンテイーン   セブンティ
seventeen「17」と seventy「70」

エイテイーン   エイティ
eighteen「18」と eighty「80」

ナインテイーン   ナインティ
nineteen「19」と ninety「90」

2 聞き違いをしやすい英語

キャン   キャン(ト)
can「できる」と can't「できない」

 次の単語との間に着目

間がない   間がある
can ～   can't ～

ウォント   ワントゥ
won't「しないつもり」と want to「したい」

フェアー   フェン
where「どこ?」と when「いつ?」

3 同じ発音で違う意味の英語

ワン   ワン
won「勝った」と one「1」

レッド   レッド
red「赤」と read「読んだ」

 単語の位置や文の意味で判断

「アイ ワン ザ プライズ」だったら
→ I won the prize.
私は賞を勝ち取りました

「アイ チョゥズ ワン」だったら
→ I chose one.
私は1つを選びました

4 セットで読まれる英語

ゼァリズ
There is

 連語表現の発音に慣れよう

「ゼァー」と「イズ」を続けて読むと「ゼァリズ」
There   is

ゲラップ   ピカップ   オプニット   シェイキット   トーカバウト   ハフトゥ
get up   pick up   open it   shake it   talk about   have to

ワノブ   ウォンチュー   ミーチュー   ディジュー   ミシュー
one of   want you   meet you   Did you   miss you

高校入試対策

英語リスニング練習問題

基本問題集

≡ contents

※解答集は別冊です

はじめに

　グローバル化が急速に進展する中で，外国語によるコミュニケーション能力は，一部の業種や職種だけでなく，今後の生活の様々な場面で必要になってきます。

　学習指導要領では，小・中・高等学校での一貫した外国語教育を通して，外国語による「聞くこと」，「読むこと」，「話すこと」，「書くこと」の４つの技能を習得し，簡単な情報や考えなどを理解したり伝えあったりするコミュニケーション能力を身につけることを目標としています。

　これを受けて，高校入試の英語リスニング問題は，公立高校をはじめ私立高校においても，問題数の増加や配点の上昇が顕著になってきています。

　本書は，全国の高校入試の英語リスニングでよく出題されるパターンを，７つの章に分類し，徹底的に練習できるようになっています。リスニングの出題形式に慣れるとともに，解き方，答え合わせや復習のしかたがよく分かるようになるので，限られた時間の中で効率よく学習ができます。

　高校入試の英語リスニング問題は，基礎的な単語や文法が中心で，長文読解問題に比べればそれほど複雑な内容ではありません。聴き取れれば解ける問題ばかりです。

　本書で，やさしい問題から入試レベルの問題までを繰り返し練習し，入試本番の得点力を身につけてください。

この問題集の特長と使い方

１．準備をする！

　高校入試では一斉リスニングの場合がほとんどです。できればイヤホン（ヘッドホン）を使わずに，CD プレイヤーやスピーカーを準備しよう。

　問題は，章ごとに「基本問題」と「練習問題」があります。「基本問題」に取りかかる前に，「👆 ポイント」を読んでおこう。💬ヒント や 📝メモ，⚠ミスに注意 にも，あらかじめ目を通しておこう。

２．問題に取り組む！

　準備ができたら，集中して音声を聴こう。間違えてもいいので必ず答えを書くことを心がけよう。

３．解答だけを確認する！

　ひとつの問題を解き終えたら，解答集ですぐに答え合わせをしよう。このとき，まだ放送文や日本語訳は見ないでおこう。解答だけを確認したら，もう一度音声を聴こう。正解した問題は聴き取れたところを，間違えてしまった問題は聴き取れなかったところを，意識しながら聴いてみよう。

４．放送文を確認する！

　今度は，解答集の放送文（英文）を目で追いながら音声を聴いてみよう。このとき，キーワードやキーセンテンス（カギとなる重要な文）を確実に聴き取れるまで何度も繰り返し聴いてみよう。途中で分からなくなったら最初から聴き直そう。

5．覚えたい表現やアドバイスを確認する！

　解答集では，英語リスニング問題でよく出る「覚えたい表現」や，同じパターンの問題を解くときのコツなどをアドバイスしています。よく読んでおこう。

6．日本語訳を確認する！

　解答集は，放送文と日本語訳が見開きのページに載っているので，照らし合わせながら確認しよう。内容を正しく理解できているか，会話表現の独特な言い回しをきちんと把握できているかを確認しよう。知らなかった単語や表現はここでしっかりと覚えておこう。

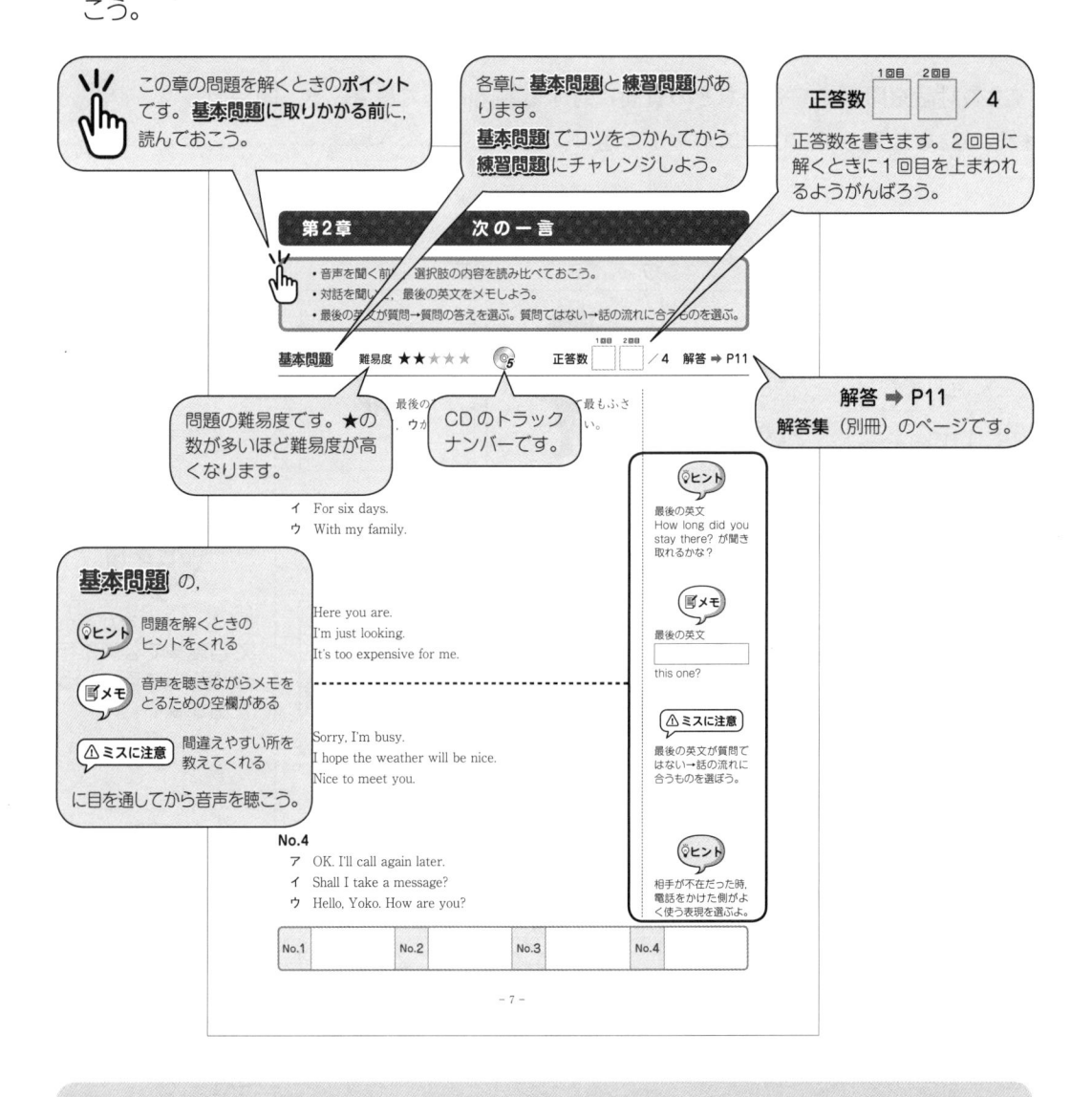

この章の問題を解くときの**ポイント**です。**基本問題**に取りかかる前に，読んでおこう。

各章に**基本問題**と**練習問題**があります。
基本問題でコツをつかんでから**練習問題**にチャレンジしよう。

正答数
1回目 2回目 ／4
正答数を書きます。2回目に解くときに1回目を上まわれるようがんばろう。

第2章　　　　　次の一言

- 音声を聞く前に，選択肢の内容を読み比べておこう。
- 対話を聞いて，最後の英文をメモしよう。
- 最後の英文が質問→質問の答えを選ぶ。質問ではない→話の流れに合うものを選ぶ。

基本問題　難易度 ★★ ★ ★ ★　⑤　　正答数　1回目 2回目 ／4　解答 ➡ P11

問題の難易度です。★の数が多いほど難易度が高くなります。

CDのトラックナンバーです。

解答 ➡ P11
解答集（別冊）のページです。

イ　For six days.
ウ　With my family.

基本問題 の，

ヒント　問題を解くときのヒントをくれる

メモ　音声を聴きながらメモをとるための空欄がある

ミスに注意　間違えやすい所を教えてくれる

に目を通してから音声を聴こう。

Here you are.
I'm just looking.
It's too expensive for me.

Sorry, I'm busy.
I hope the weather will be nice.
Nice to meet you.

No.4
ア　OK. I'll call again later.
イ　Shall I take a message?
ウ　Hello, Yoko. How are you?

ヒント
最後の英文
How long did you stay there? が聞き取れるかな？

メモ
最後の英文
this one?

ミスに注意
最後の英文が質問ではない→話の流れに合うものを選ぼう。

ヒント
相手が不在だった時，電話をかけた側がよく使う表現を選ぶよ。

No.1		No.2	No.3	No.4	

🔊 **音声の聴き方**

　CDで音声を聴くことができます。CD以外でも，教英出版ウェブサイトでID番号を入力して音声を聴くことができます。ID番号を入力して音声を聴く方法は，都道府県版（別冊）の1ページをご覧ください。

- 音声を聞く前に選択肢の絵やグラフを見比べておこう。
- 絵やグラフを見比べたら，どんな英文が流れるか予想してみよう。
- 音声を聞きながら，答えに関係しそうな内容をメモしよう。

基本問題A　難易度 ★★★★★　◎1　　正答数 [1回目] [2回目] ／3　解答 ➡ P3

次の対話を聞いて，そのあとの質問に対する答えとして最もふさわしい絵を，ア，イ，ウ，エから1つ選び，記号を書きなさい。

No.1

ア　　　　　イ　　　　　ウ　　　　　エ

職業を選ぶ問題かな？

No.2

ア　　　　　イ　　　　　ウ　　　　　エ

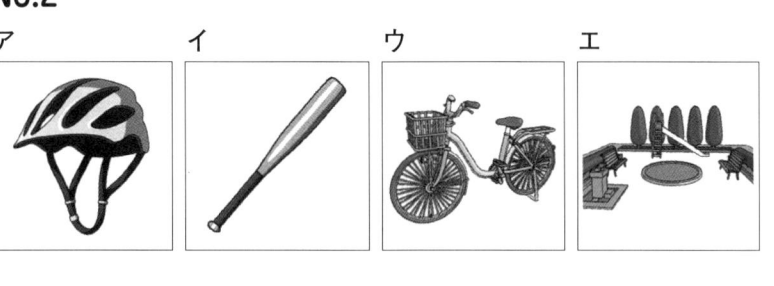

「ヘルメットをかぶって自転車で公園に行き，野球をする」といった話かな？

No.3

ア　　　　　イ　　　　　ウ　　　　　エ

   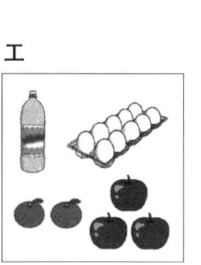

卵
みかん [　] 個
りんご [　] 個
ジュース

No.1		No.2		No.3	

次の英文や対話を聞いて，そのあとの質問に対する答えとして最もふさわしい絵を，ア，イ，ウ，エから1つ選び，記号を書きなさい。

No.1

ア　　　　　　イ　　　　　　ウ　　　　　　エ

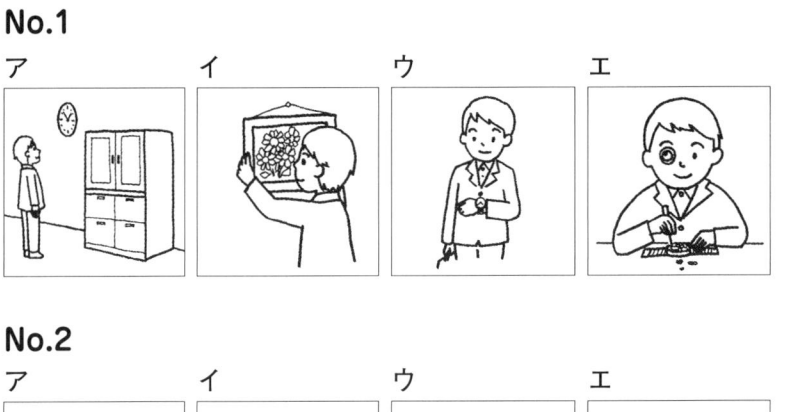

ヒント

腕時計＝watch
掛け時計／置き時計
＝clock

No.2

ア　　　　　　イ　　　　　　ウ　　　　　　エ

ヒント

天気：雨／雪
移動手段：
徒歩／自転車
どっちかな？

No.3

ア　　　　　　イ　　　　　　ウ　　　　　　エ

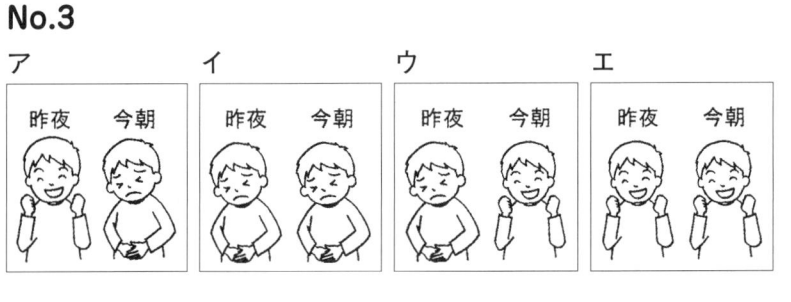

昨夜　　今朝　　昨夜　　今朝　　昨夜　　今朝　　昨夜　　今朝

メモ

昨夜　　　　　　。

今朝　　　　　　。

No.4

ア　　　　　　イ　　　　　　ウ　　　　　　エ

6:00 AM　　7:00 AM　　8:00 PM　　11:00 PM

⚠ ミスに注意

AMは午前，PMは午
後だね。寝た時刻？
起きた時刻？

No.1		No.2		No.3		No.4	

次の対話を聞いて，そのあとの質問に対する答えとして最もふさわしい絵やグラフを，
ア，イ，ウ，エから1つ選び，記号を書きなさい。

No.1

ア　　　　　　　イ　　　　　　　ウ　　　　　　　エ

No.2

ア　　　　　　　イ　　　　　　　ウ　　　　　　　エ

No.3

ア　　　　　　　イ　　　　　　　ウ　　　　　　　エ

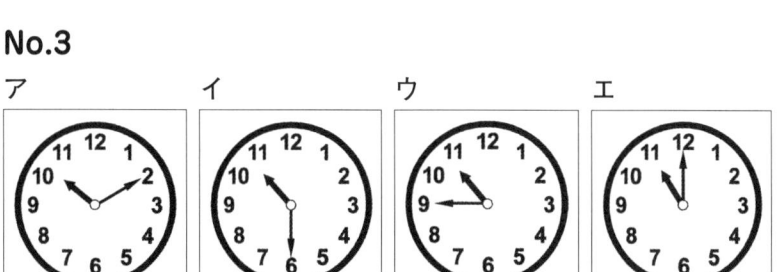

No.4　「球技大会で何をやりたいか？」〜クラス別　アンケート結果〜

ア　　　　　　　イ　　　　　　　ウ　　　　　　　エ

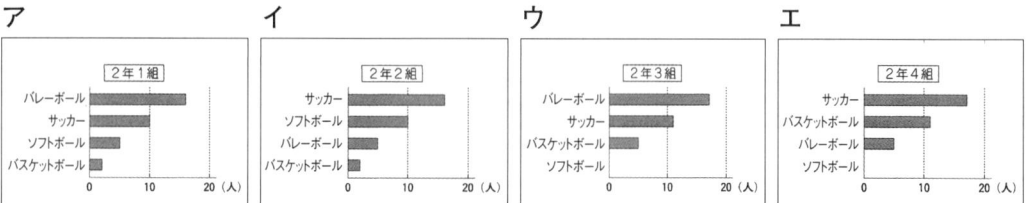

No.1		No.2		No.3		No.4	

次の対話や英文を聞いて，そのあとの質問に対する答えとして最もふさわしい絵やグラフを，ア，イ，ウ，エから1つ選び，記号を書きなさい。

No.1

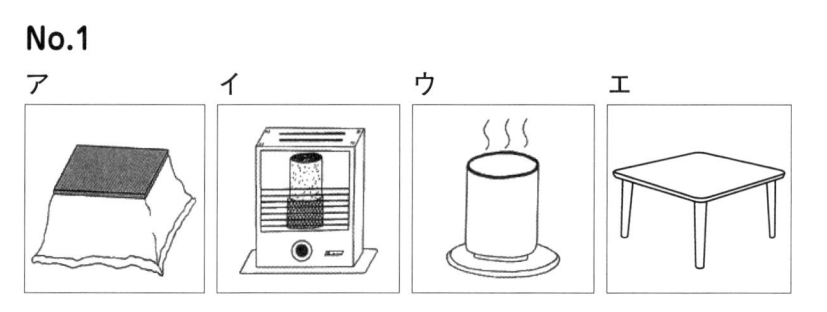

No.2

No.3

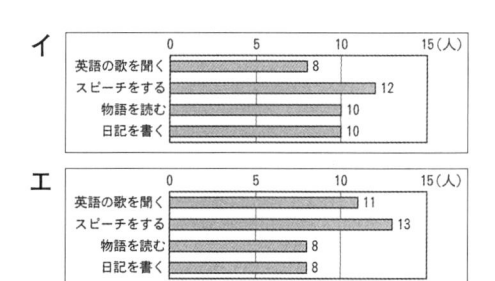
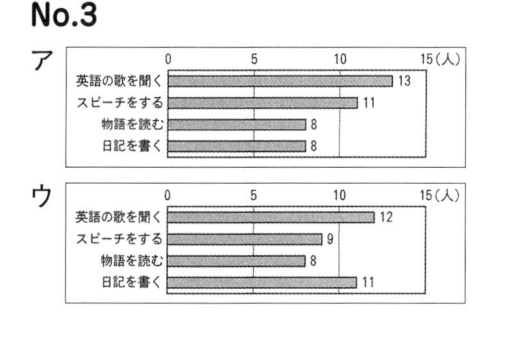

No.4

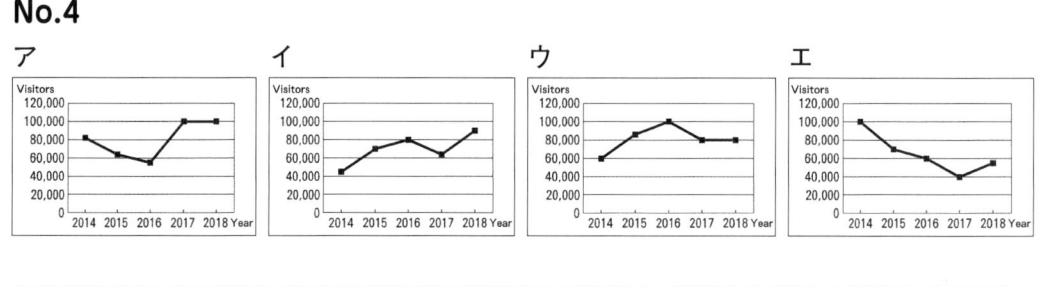

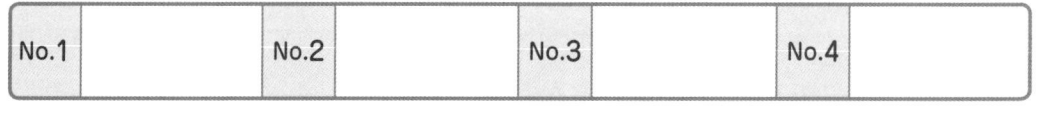

No.1		No.2		No.3		No.4	

- 音声を聞く前に，選択肢の内容を読み比べておこう。
- 対話を聞いて，最後の英文をメモしよう。
- 最後の英文が質問→質問の答えを選ぶ。質問ではない→話の流れに合うものを選ぶ。

基本問題　難易度 ★★★★★　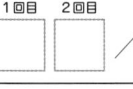　正答数 1回目 2回目 ／4　解答 ➡ P11

次の対話を聞いて，最後の英文に対する受け答えとして最もふさわしいものを，**ア**，**イ**，**ウ**から1つ選び，記号を書きなさい。

No.1
ア　By plane.
イ　For six days.
ウ　With my family.

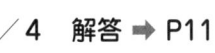

ヒント

最後の英文
How long did you stay there? が聞き取れるかな？

No.2
ア　Here you are.
イ　I'm just looking.
ウ　It's too expensive for me.

メモ

最後の英文

[　　　　　]

this one?

No.3
ア　Sorry, I'm busy.
イ　I hope the weather will be nice.
ウ　Nice to meet you.

⚠ ミスに注意

最後の英文が質問ではない→話の流れに合うものを選ぼう。

No.4
ア　OK. I'll call again later.
イ　Shall I take a message?
ウ　Hello, Yoko. How are you?

ヒント

相手が不在だった時，電話をかけた側がよく使う表現を選ぶよ。

No.1		No.2		No.3		No.4	

次の対話を聞いて，最後の英文に対する受け答えとして最もふさわしいものを，ア，イ，ウ，エから1つ選び，記号を書きなさい。

No.1

ア　I don't know your phone number.

イ　I see. Do you want to leave a message?

ウ　Can you ask him to call me?

エ　I'm so sorry.

No.2

ア　Sorry. I haven't washed the tomatoes yet.

イ　I don't think so. Please help me.

ウ　Thanks. Please cut these carrots.

エ　All right. I can't help you.

No.3

ア　Ten o'clock in the morning.

イ　Only a few minutes.

ウ　Four days a week.

エ　Every Saturday.

No.4

ア　Sure. I'll do it now.

イ　No. I've never sent him a letter.

ウ　Yes. You found my name on it.

エ　Of course. I finished my homework.

No.1		No.2		No.3		No.4	

- 音声を聞く前に，選択肢の内容を読み比べておこう。
- 対話を聞いて，人物の名前や行動などをメモしよう。
- 質問を聞いて，誰の何についての質問かメモしよう。

基本問題　難易度 ★★★★★　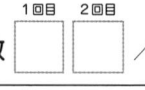　正答数 [1回目] [2回目] ／3　解答 ➡ P15

次の対話や英文を聞いて，そのあとの質問に対する答えとして最もふさわしいものを，ア，イ，ウ，エから1つ選び，記号を書きなさい。

No.1
ア　She is going to do Mike's homework with her husband.
イ　She is going to cook dinner in the dining room.
ウ　She is going to go to the dining room with Mike.
エ　She is going to eat dinner with her husband and Mike.

No.2
ア　Yes, please. I want more.
イ　Help yourself, Lisa.
ウ　I'm sorry. I can't cook well.
エ　Of course. You can take it.

No.3
ア　They are in the nurse's office.
イ　They are in the library.
ウ　They are at a stationery shop.
エ　They are at a birthday party.

📝メモ

マイク：□が終わった。おなかが□。□を呼びに行く。

母親：□の準備ができた。

💡ヒント

対話の最後のリサの勧めに対する答えを選ぶよ。

💡ヒント

選択肢のThey areは共通だね。場所を選ぶ問題だよ。

No.1		No.2		No.3	

次の対話を聞いて，そのあとの質問に対する答えとして最もふさわしいものを，ア，イ，ウ，エから1つ選び，記号を書きなさい。

No.1
ア　This Saturday.
イ　This Sunday.
ウ　Tomorrow.
エ　Next Monday.

No.2
ア　To do Tom's homework.
イ　To bring Eita's math notebook.
ウ　To call Tom later.
エ　To leave a message.

No.3
ア　Because Mike said some museums in his country had *ukiyoe*.
イ　Because Mike learned about *ukiyoe* last weekend.
ウ　Because Mike went to the city art museum in Japan last weekend.
エ　Because Mike didn't see *ukiyoe* in his country.

No.4
ア　It took about 25 minutes from Toyama to Kanazawa.
イ　Hiroshi walked from Kanazawa Station to Kenroku-en.
ウ　Hiroshi went to many countries during his holiday.
エ　Hiroshi took a bus in Kanazawa.

No.1		No.2		No.3		No.4	

第4章　　語句を入れる

- 音声を聞く前に空欄を見て，聞き取る内容をしぼろう。
- fifteen「15」とfifty「50」などを聞き分けるために，数はアクセントに注意しよう。
- Tuesday「火曜日」とThursday「木曜日」の違いなど，曜日を正しく聞き取ろう。

基本問題　難易度 ★★☆☆☆　🖸9　正答数 1回目 □ 2回目 □ ／6　解答 ➡ P21

No.1 デイビッドと教子の対話を聞いて，【教子のメモ】のア，イ，ウにあてはまる言葉を日本語または数字で書きなさい。

【教子のメモ】

```
お祭りのダンスイベント
・（　ア　）曜日に行われる。
・集合時刻は午後（　イ　）。
・集合場所は音楽ホール。
・Tシャツの色は（　ウ　）色。
```

📝メモ

お祭り:
□曜日～□曜日

ダンスイベント:
□日目

開始時刻: 午後□時

集合時刻:□分前

Tシャツの色:□色

No.2 ケイトと英太の対話を聞いて，【英太のメモ】のア，イ，ウにあてはまる言葉を日本語または数字で書きなさい。

【英太のメモ】

```
・古い建物は（　ア　）である。
・約（　イ　）年前に建てられ，学校として使われていた。
・昔の人々がどのように（　ウ　）していたかを見ることができる。
```

⚠️ミスに注意

アクセントに注意して数を聞き取ろう。

No.1	ア		イ		ウ	
No.2	ア		イ		ウ	

No.1　マイクとリサの対話を聞いて，対話のあとに【リサがナンシーの留守番電話に残したメッセージ】のア，イにあてはまる言葉を英語または数字で書きなさい。

【リサがナンシーの留守番電話に残したメッセージ】

Hi, Nancy.　This is Lisa.

Mike's brother is going to stay in Fukuoka for three weeks.

So Mike and I have decided to take him to a ramen shop next（　ア　）.

They will come to my house at（　イ　）, and we will walk to the shop.

If you want to join us, please tell me.

No.2　ジェームスとアヤの対話を聞いて，対話のあとに【アヤがジェームスに送ったメール】のア，イにあてはまる言葉を英語で書きなさい。

【アヤがジェームスに送ったメール】

Hi, James.

I enjoyed the concert today.

I am happy because I can（　ア　）how to play the violin from you.

I will see you at your house on（　イ　）.

No.1	ア		イ	
No.2	ア		イ	

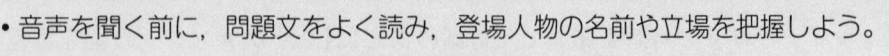

- 音声を聞く前に，問題文をよく読み，登場人物の名前や立場を把握しよう。
- 音声を聞く前に，選択肢（と質問）から聞き取る内容をしぼろう。
- 音声を聞きながら，「誰が何をした」に関する内容をメモしよう。

基本問題 　難易度 ★★★☆☆ 　⊙11 　　1回目 2回目 　正答数 □ □ ／4 　解答 ➡ P25

　ALTのブラウン先生とケンジの対話を聞いて，次の質問に対する答えとして最もふさわしいものを，**ア**，**イ**，**ウ**から1つ選び，記号を書きなさい。

No.1 What happened to Kenji's basketball team last week?
- **ア** His team won the game.
- **イ** His team lost the game.
- **ウ** His team became stronger by practicing hard.

No.2 How does Kenji feel when he makes mistakes in the basketball game?
- **ア** He always feels sorry for his friends in his team.
- **イ** He doesn't understand how he feels.
- **ウ** He is encouraged by making mistakes.

No.3 When will Kenji have his next game?
- **ア** He will have it in December.
- **イ** He will have it in November.
- **ウ** He will have it in October.

No.4 Which is true?
- **ア** Kenji learned that he could improve his basketball skills by making mistakes.
- **イ** Kenji was encouraged by his friend's words and smile.
- **ウ** Kenji has played basketball for ten years in America.

📝**メモ**

- 先週の試合でケンジのチームは□□た。
- ブラウン先生は□□で□年間バスケットボールをしていた。
- ケンジはミスをすると□に□と思う。
- ブラウン先生はミスをすると□に□いた。
- しかし，ブラウン先生の友達がまた□すればいいと言った。その□と□に励まされた。
- ケンジはブラウン先生からとても□なことを学んだ。今ではミスをすることで□の技術が□すると信じている。
- ケンジの次の□は□月にある。
- ブラウン先生は□を楽しみにしている。
- ケンジは□□つもりだ。

No.1		No.2		No.3		No.4	

ダイキとキャシーの春休みの予定についての対話を聞いて，そのあとの質問に対する答えとして最もふさわしいものを，**ア，イ，ウ，エ**から1つ選び，記号を書きなさい。

No.1

ア　He lived in Tokyo.

イ　He lived in Sydney.

ウ　He lived in Osaka.

エ　He lived in America.

No.2

ア　Cathy will.

イ　Sam will.

ウ　Sam's parents will.

エ　Kate will.

No.3

ア　Yes, she does.

イ　No, she doesn't.

ウ　Yes, she has.

エ　No, she hasn't.

No.4

ア　She likes to send e-mails.

イ　She likes to go shopping.

ウ　She likes to go to the zoo.

エ　She likes to take pictures.

No.1		No.2		No.3		No.4	

- 音声を聞く前に，問題文をよく読み，話をする人の名前や立場を把握しよう。
- 音声を聞く前に，選択肢（と質問）から聞き取る内容をしぼろう。
- 音声を聞きながら，キーワードをメモしよう。

基本問題　難易度 ★★★☆☆　◎13　正答数 ☐☐ ／3　解答 ➡ P29

ALTのグリーン先生が夏休みの宿題について話をします。それを聞いて，次の質問に対する答えとして最もふさわしいものを，ア，イ，ウ，エから１つ選び，記号を書きなさい。

No.1　生徒たちには，どのような宿題が出されましたか。
ア　A report about one of the problems written in the textbook.
イ　A report about what the students did during summer vacation.
ウ　A report about how to use the city library.
エ　A report about people around the world.

No.2　教科書には，何をしなければならないと書いてありましたか。
ア　To read books in the city library for the report.
イ　To finish writing a report about the problems in our environment.
ウ　To learn about how the Internet can help the students.
エ　To keep thinking about protecting our environment.

No.3　生徒たちは，いつ先生に宿題を提出しなければなりませんか。
ア　After the next class.
イ　At the end of summer vacation.
ウ　At the first class after summer vacation.
エ　At the last class of this year.

📝メモ

- ☐☐前の☐☐。明日から☐日間の休みに入る。
- ☐☐問題についてのレポートを書く。英単語を☐☐語以上使う。
- ☐☐についての☐☐を読み終えた。
- ☐☐の中で☐☐がある問題を選ぶ。
- ☐☐には☐☐の誰もが環境を☐☐について考え続けなければならないと書いてある。
- 詳しく知りたい人は☐☐や☐☐の本を利用する。
- ☐☐でレポートを提出する。

No.1		No.2		No.3	

1回目　2回目

　教子が祖母の誕生日パーティーについて話をします。それを聞いて、そのあとの質問に対する答えとして最もふさわしいものを、ア、イ、ウ、エから1つ選び、記号を書きなさい。

No.1
ア　Kyoko's grandmother did.

イ　Kyoko's mother did.

ウ　Kyoko's father did.

エ　Kyoko did.

No.2
ア　Because Kyoko makes a birthday cake every year.

イ　Because Kyoko couldn't buy a cake at the cake shop.

ウ　Because Kyoko's grandmother asked her to make a cake.

エ　Because Kyoko's grandmother made a bag for her.

No.3
ア　Nine hours.

イ　Six hours.

ウ　Four hours.

エ　One hour.

No.4
ア　She enjoyed a special lunch with her grandmother.

イ　She sang a birthday song for her grandmother with her parents.

ウ　She said to her grandmother, "Thank you."

エ　She showed the bag to her grandmother.

No.1		No.2		No.3		No.4	

- 音声を聞く前に，登場人物と作文の条件を確認しよう。
- 本文→質問の順で放送されることが多い。質問は確実に聞き取ろう。
- 自信のない表現は避け，自分が正しく書ける表現を使って英文を作ろう。

基本問題　難易度 ★★★★★　🖸15　　正答数 1回目 [　] 2回目 [　] ／2　解答 ➡ P33

No.1　ジョンと教子の対話を聞いて，教子の最後の問いかけに対する答えを，ジョンに代わって英文で書きなさい。

転校していくクラスメートにしてあげられることを書こう。
We can ～「(僕らは) ～できる」の書き出しではじめよう。

No.2　ALTのデイビッド先生の話を聞いて，先生の指示に対するあなたの答えを2文以上の英文で書きなさい。

2文以上で書くよ。質問で2つのことを聞かれるから，それぞれ1文ずつ書こう。
1文目は主語+can ～「～できる」の形で書くといいね。
2文目の理由は
It's because ～ .
「それは～だからだ」を使おう。

No.1	
No.2	

カナダの高校に留学にきた日本の生徒たちに向けてルーシーが学校の案内をします。その説明を聞いて，次の各問いに答えなさい。

No.1では，そのあとの質問に対する答えとして最もふさわしいものを，**ア，イ，ウ，エ**から１つ選び，記号を書きなさい。

No.2では，質問に対する答えをルーシーが説明した内容に合うように英文で書きなさい。

No.3では，質問に対するあなたの答えを英文で書きなさい。

No.1

ア　In the gym.

イ　In the library.

ウ　In the lunch room.

エ　In front of their school.

No.2　（質問に対する答えを英文で書く）

No.3　（質問に対する答えを英文で書く）

No.1	
No.2	
No.3	

CDトラックナンバー 一覧

🔊)) 音声の聴き方

CDで音声を聴くことができます。CD以外でも，教英出版ウェブサイトでID番号を入力して音声を聴くことができます。ID番号を入力して音声を聴く方法は，都道府県版（別冊）の1ページをご覧ください。